Königs Erläuterungen und Materialien
Band 447

Erläuterungen zu

Irmgard Keun

Das kunstseidene Mädchen

von Magret Möckel

Bange Verlag

Über die Autorin dieser Erläuterung:

Magret Möckel, geboren 1952 in Lindau an der Schlei (Schleswig-Holstein), Studium der Germanistik und Anglistik an der Universität in Hamburg. Seit 1979 Lehrerin für Deutsch und Englisch, erst an einem Gymnasium in Vechta, dann in Friesoythe, seit 2003 an der Graf-Anton-Günther-Schule in Oldenburg. Ihr Unterrichtsschwerpunkt liegt auf dem Deutschunterricht in der Oberstufe. Seit 1997 leitet sie literarische Zirkel an ihren Gymnasien, in denen sie mit interessierten Schülern ab Klassenstufe 10 über Literatur, besonders über aktuelle literarische Erscheinungen, spricht. Frau Möckel ist verheiratet und hat zwei Kinder.

4. Auflage 2010
ISBN 978-3-8044-1834-9

Titelabbildung: Irmgard Keun
Druck und Weiterverarbeitung: Tiskárna Akcent, Vimperk

Vorwort

Irmgard Keuns Roman *Das kunstseidene Mädchen* gehört sicher nicht zu den wichtigsten und bahnbrechenden literarischen Erzeugnissen des 20. Jahrhunderts. Umso erstaunlicher ist es, dass er immer wieder interessierte Aufnahme gefunden hat. Das war so zu der Zeit seiner Entstehung, dann in den 70er Jahren und wieder z. B. 2004–06 als abiturrelevanter Text in ganz Niedersachsen. Was also macht es wert, diesen Roman heutzutage zu bearbeiten? Folgende Aspekte könnten einen Einstieg in den Roman geben:

1. In der Diskussion um die Bedeutung literarischer Erzeugnisse werden immer wieder Vermarktbarkeit und literarische Qualität miteinander in Bezug gesetzt. Anhand dieses Romans lässt sich mit einem dreiviertel Jahrhundert Abstand die Frage untersuchen, welche Bedingungen einen Text zum Bestseller machen können. Nach der Postmoderne mit seinen doppelt und mehrfach kodierten Texten ist der Vergleich zwischen damaligen und heutigen Bestsellern durchaus einen Blick wert.

2. Mit der zunehmenden Auflösung des Epochenbegriffes ist es sinnvoll, die Vielfältigkeit der literarischen Erscheinungen im ausgehenden 19. und beginnenden 20. Jahrhundert zu untersuchen und miteinander zu vergleichen.

3. Die Anzahl der Texte über die Zeit der nationalsozialistischen Schreckensherrschaft wächst in Wellenbewegungen zu einer immensen Menge heran. Hier liegt ein Text vor, der aus (scheinbar) völlig unpolitischer Sicht die Bedingungen für die Entstehung des Nationalsozialismus veranschaulicht.

4. Eine wichtige Aufgabe von Literatur ist die Reflexion aktueller Verhältnisse. Gerade in jüngster Zeit ist eine zunehmende Verstädterung zu beobachten; Menschen ziehen in der Hoffnung auf bessere Lebensbedingungen in die Großstädte dieser Welt, finden dort aber durchaus nicht immer die angestrebten Verhältnisse. Weitere drängende Probleme unserer wie auch der im Roman dargestellten Zeit sind zunehmende Arbeitslosigkeit, Politikverdrossenheit und andere Folgen wirtschaftlichen Niedergangs und politischer Ratlosigkeit.

5. Immer wieder lassen sich literarische Entwicklungen weit zurückverfolgen. Im Zusammenhang mit dem *Kunstseidenen Mädchen* taucht für mich die ernstzunehmende Frage auf, ob wir es hier nicht mit einem Vorläufer der im Deutschland der 90er Jahre gefeierten (und natürlich auch kritisierten) Popliteratur zu tun haben. Zumindest für junge Leser ist aber ein Abstecher in diese Art von Literatur interessant.

6. Das Medium Film wird im 21. Jahrhundert zu einer äußerst wichtigen Größe. Unbestreitbar ist die gegenseitige Beeinflussung von Literatur und Film nicht nur bezüglich der Inhalte, sondern auch in formaler Hinsicht. „Schreiben wie Film" lohnt den Vergleich des Romans mit modernen filmischen Werken.

1. Irmgard Keun: Leben und Werk

1.1 Biografie

Jahr	Ort	Ereignis	Alter
1905[1]	Berlin	Geburt Irmgard Keuns am 6. Februar; Vater: Importkaufmann, Mutter: Elsa Charlotte Keun; in der Berliner Zeit 3 Umzüge innerhalb Berlins	
1913	Köln	Umzug der Familie nach Köln, Besuch einer evangelischen Privatschule	8
1921	Köln	Ende der Schulzeit, Eintritt in eine Kölner Schauspielschule	16
1925	Köln	Zweijährige Ausbildung im Stadttheater Köln	20
1927–28	Hamburg	Nebenrollen am Thalia-Theater; Arbeit als Model (Reklame)	22–23
1928–29	Greifswald	Hauptrollen am Stadttheater Greifswald	23–24
1931		Erster Roman: *Gilgi – eine von uns*	26
1932		Zweiter Roman: *Das kunstseidene Mädchen;* Heirat (Ehemann: Johannes Tralow, Theaterregisseur und Schriftsteller); Beziehung zu Arnold Ferdinand Strauss	27

1 In der Literatur zu I. Keun erscheinen verschiedene falsche Geburtsdaten (1909 und 1910).

Jahr	Ort	Ereignis	Alter
1933	Köln	Verbot der Texte Keuns durch die Nationalsozialisten	28
1935	Ostende	Exil	30
1936	Belgien	Freundschaftliche Verbindung mit Joseph Roth (Schriftsteller); *Das Mädchen, mit dem die Kinder nicht verkehren durften* (Roman)	31
1937		Scheidung von J. Tralow; *Nach Mitternacht* (Roman)	32
1938–40	Nizza, Amsterdam, USA, Belgien	*Kind aller Länder* (Roman, 1938); *D-Zug dritter Klasse* (Roman, 1938); Aufenthalte in verschiedenen Ländern	33–35
1940	Deutschland	Illegale Einreise unter dem Decknamen Charlotte Tralow	35
1947	Köln-Braunsfeld	*Bilder und Gedichte aus der Emigration*	42
1950		*Ferdinand, der Mann mit dem freundlichen Herzen* (Roman)	45
1951		Geburt der Tochter Martina; innere Emigration und Enttäuschung, Alkoholprobleme	46
1957		*Wenn wir alle gut wären* (Erzählungen)	52
1962		*Blühende Neurosen* (Satire)	57
1966	Bonn	Zeitweilige Einweisung in die Psychiatrie	61
1975		Wiederentdeckung der Werke Keuns in der literarischen Welt	70

Jahr	Ort	Ereignis	Alter
1981	Ingolstadt	Verleihung des Marieluise-Fleißer-Preises der Stadt Ingolstadt	76
1982	Köln	Tod der Schriftstellerin am 5. Mai	77

1.2 Zeitgeschichtlicher Hintergrund

Berlin in den 30er Jahren

Die Großstadt Berlin in den 20er und 30er Jahren bildet das politische und kulturelle Zentrum Deutschlands. Sie ist eine der wichtigsten Metropolen der Welt sowie Geburtsstätte neuer Tendenzen und Strömungen. Das im Text angesprochene Romanische Café gegenüber der Gedächtniskirche ist Treffpunkt vieler Literaten und Theaterleute. Die kulturelle Szene mit Theater, Kabarett, Literatur etc. ist außerordentlich vielfältig. Dazu kommen neue Medien wie Film und Werbung. Glanz und Glamour, modisches Outfit und viele Restaurants und Tanzlokale (Modetanz Tango) gehören zum Stadtbild.

Weltwirtschaftskrise

Die Weltwirtschaftskrise 1929 bedingt allerdings zunehmende Arbeitslosigkeit (1932 nahezu 5 Mio.) und wirtschaftlichen Niedergang. Das betrifft alle Einkommensgruppen und soziale Schichten und hat menschliche Tragödien und Krisen zur Folge. So steigt die Selbstmordrate in dieser Zeit drastisch (vgl. z. B. S. 55), im Roman wird die verzweifelte und bedingungslose Suche nach Arbeit in vielen Facetten aufgenommen (vgl. S. 5, 44, 60, 82, 87, 89, 104 etc.). Allein in Berlin suchen etwa 600 000 Menschen nach Arbeit. Da nur etwa die Hälfte der Arbeitssuchenden durch die Arbeitslosenversicherung unterstützt wird, sind viele auf die Wohlfahrt angewiesen, die – auch das wird im Roman angesprochen – dann auch noch durch den Reichspräsidenten Paul von Hindenburg in Notverordnungen gekürzt wird. Im Roman erfolgen Hinweise auf die Auswirkungen der Arbeitslosigkeit wie Wohnungslosigkeit, körperliches Elend, Verbitterung und Schwarzmarkt, zunehmende Prostitution und Alkoholismus.

Politisches Geschehen bildet den Hintergrund des Romans. Als die Protagonistin Doris 1931 nach Berlin kommt, findet dort gerade der Staatsbesuch des französischen Ministerpräsidenten Pierre Laval und des französischen Außenministers Aristide Briand statt (28. 09. 1931). Die Kranzniederlegung am Grab des ehemaligen deutschen Außenministers Gustav Stresemann soll der Aussöhnung von Deutschen und Franzosen nach dem Ersten Weltkrieg dienen. Außerdem geht es um einen Aufschub der im Versailler Vertrag festgelegten Reparationszahlungen. Im Zusammenhang mit diesem Ereignis kommt es zu Auseinandersetzungen mit den Nationalsozialisten.
Das Ende der Weimarer Republik ist mit der Machtergreifung Hitlers 1933 gekommen. Die Zunahme antijüdischer Einstellungen, rassistischer Ideologie und Präsenz gewaltbereiter nationalsozialistischer Gruppen ist ebenfalls im Roman deutlich verfolgbar (vgl. S. 27, 42, 63, 80, 90 u. v. m.).

Literarische Einordnung des Romans

moderner Roman

1. Irmgard Keuns Roman *Das kunstseidene Mädchen* ist ein moderner Roman hinsichtlich der Erzählhaltung, der Gestaltung der Hauptfigur und der Struktur. Der Roman ist aus der Ich-Perspektive verfasst und verzichtet auf den traditionellen auktorialen Erzähler. Im Gegensatz zum vorbildhaften Helden des traditionellen Romans erleben wir hier eine Heldenfigur, deren Bewusstsein und Reaktion auf zeitliche Umstände und Erscheinungen im Mittelpunkt stehen. Kennzeichnend für den modernen Roman ist laut Migner[2] *„die Heldenfigur inmitten einer ihr keineswegs mehr selbstverständlich vertrauten Umwelt,*

2 Karl Migner, *Kennzeichen des modernen Romans*. In: Heinrich Biermann, Bernd Schurf (Hrsg.), Texte, Themen und Strukturen. Cornelsen, Berlin 1999, S. 149.

die Heldenfigur in unter Umständen keineswegs mehr schlüssig erklärbaren Aktionen, die Heldenfigur in oftmals unvollständiger, beispielsweise auf bestimmte Verhaltensweisen reduzierter Gestaltung". Doris ist eine solche Heldin, denn sie begibt sich in die ihr unvertraute Großstadt und gibt ihre Verwirrung offen zu („ich verstehe von nichts, von nichts. Es sind ungeheure Ereignisse auf der Welt, ich verstehe von gar nichts. So dumm.", S. 89, Z. 33 f.). Handlungsweise und Entscheidungen sind durchaus nicht immer nachvollziehbar und erwecken den Eindruck von Sprunghaftigkeit und Irrationalität. Die Gestaltung ihrer Person ist im Wesentlichen auf den ‚Männerfang' reduziert. Auch die Auflösung von Raum- und Zeitkontinuum unterscheidet diesen Text vom traditionellen Roman.[3]

Zeitroman

2. Der Roman kann außerdem als Zeitroman eingeordnet werden. Er ist ausdrücklich im Jahr 1931 eingeordnet und eine Vielzahl von Verweisen stellt einen expliziten Bezug zum politischen und gesellschaftlichen Leben der Weimarer Republik her. Einbeziehung von konkreten politischen Persönlichkeiten und Geschehnissen, zur Zeit der Entstehung des Romans aktuelle Filme, Lieder, modische Tendenzen, konkrete Hinweise auf Orte und Plätze, sprachliche Erscheinungen u. v. m. lassen ein dichtes Bild der Zeit entstehen. Auch die Vermittlung bestimmter Einstellungen zum Leben und zu politischen Umbrüchen, das Experimentieren mit neuen weiblichen Leitbildern und Rollenentwürfen für die Frau gehören in diesen Bereich. Alltag und Zeitgeschehen sind Gegenstand und Hintergrund des allerdings konzentrierten und überhöhten Geschehens um die Protagonistin. Wie Irmgard Keun nehmen auch die Romane der Bestsellerautorin Vicki Baum die Zeit und alltägliche

3 vgl. auch das Kapitel 2.3 zur Struktur des Romans.

Menschen in den Blick. Weitere Zeitromane und literarische Erscheinungen der 20–30er Jahre:

- Alfred Döblin, *Berlin Alexanderplatz* (1929)
- Erich Kästner, *Fabian* (1931)
- Heinrich Mann, *Die große Sache* (1931)
- Hans Fallada, *Kleiner Mann – was nun?* (1932)

Roman der Neuen Sachlichkeit

3. *Das kunstseidene Mädchen* ist ein Roman der Neuen Sachlichkeit. Diese Bezeichnung entspricht einer nüchternen und „kühl-distanzierten Betrachtung der Wirklichkeit"[4] und steht in der Zeit um 1920 für die zeitgemäße Form der Kunst, nicht nur der Literatur. ‚Neue Sachlichkeit' wird zum Synonym für modernes Kunstschaffen und avantgardistische Stile und findet in popularisierter Form ihren Niederschlag in diversen Bereichen der Metropolen. „Neue Kinopaläste wurden gebaut, neue Verlage, Theater und Museen gegründet, die Theater- und Revueszene differenzierte sich, Zeitschriften, Tageszeitungen, Sachbücher und Romane fanden neue Leserinnen und Leser."[5] Als Gegenbewegung zum Expressionismus und alternativ zum Dadaismus und Surrealismus drückt sich die nüchterne, präzise und schmucklose Sichtweise in „Reportagen, Dokumentationen, Zeitstück und Zeitroman, Gebrauchslyrik, Hörspiel etc."[6] aus. Als Themenbereiche können „Technik und Krieg, alltagskulturelle Erscheinungen (Amerikanisierung, Kollektivierung, Rationalisierung, Sport) und allgemeine Lebensverhältnisse (Jugend, Sexualität, Geschlechterverhältnis)"[7] angegeben werden. Im Zusammenhang mit dem *Kunstseidenen Mädchen* ist

---

4 Heinrich Biermann, Bernd Schurf (Hrsg.), *Texte, Themen und Strukturen*. Cornelsen, Berlin 1999, S. 309.

5 Kerstin Barndt, *Sentiment und Sachlichkeit*, Böhlau Verlag, Köln, Weimar, Wien, 2003, S. 1.

6 Alo Allkemper, Norbert Otto Eke, *Literaturwissenschaft*, UTB basics, Wilhelm Fink Verlag, Paderborn, 2004, S. 246.

7 ebd., S. 246 f.

auch „die Faszination für Technikvorgänge, der kalte Blick für die Wirklichkeit auch der kulturellen Modernisierungsprozesse durch mediale (Fotografie, Rundfunk, Film), industriell-bevölkerungspolitische (Urbanität) und wissenschaftliche Neuerungen (Psychoanalyse, Behaviourismus)"[8] interessant. Doris will „schreiben wie Film"[9], sie liefert Beispiele für reportagenhafte bzw. filmische Wiedergabe von Ausschnitten der Wirklichkeit in der Großstadt Berlin. Ihr Blick ist allerdings subjektiv und emotional.
Besonders wichtig ist die Relevanz des Romans für die Auseinandersetzung der zeitgenössischen Leserschaft mit den vorgestellten Frauenbildern. Der Diskurs zwischen Leserinnen insbesondere und dem Roman war lebhaft. Figuren wie *Doris, Gilgi* oder *Helene Willfüer* (von Vicki Baum) avancierten im Bewusstsein der zeitgenössischen Leserinnen unter verschiedenen Aspekten zu Prototypen der „Neuen Frau", so dass diesen Romanen ein hoher Gebrauchswert für das Leben zugeschrieben wurde.[10]
Zur Literatur der Neuen Sachlichkeit zählt neben Keun, Plivier, Feuchtwanger, Kesten, Neumann, Seghers außerdem die Gebrauchslyrik Kästners, Brechts und Tucholskys und die Reportagenliteratur Egon Erwin Kischs.

4. Literarischer Kontext
Wichtige Romane der Weimarer Republik sind v. a.:
- Erich Maria Remarque, *Im Westen nichts Neues* (1929 – kritische Auseinandersetzung mit dem Ersten Weltkrieg)
- Anna Seghers, *Der Aufstand der Fischer von St. Barbara* (1928 – Aufbegehren armer Fischer)

8 ebd., S. 247.
9 *Das kunstseidene Mädchen*, S. 4, Z. 6.
10 vgl. dazu das Kapitel „Neue Frau und Sachlichkeit" in: Kerstin Barndt, *Sentiment und Sachlichkeit*, Böhlau Verlag, Köln, Weimar, Wien, 2003, S. 1-13.

- Alfred Döblin, *Berlin Alexanderplatz* (1929 - bedeutendster deutscher Großstadtroman in der Nachfolge von Joyces *Ulysses* (Assoziation und Monologe) und Dos Passos (Aneinanderreihung von Szenen und Bildern wie im Film), Wegbereiter der Neuen Sachlichkeit)
- Thomas Mann, *Der Zauberberg* (1924 - Krankheit, Verfall, Erotik, Tradition der Décadence der Jahrhundertwende)
- Robert Musil, *Der Mann ohne Eigenschaften* (1930–33 - Ausdruck der Krise des Individuums und der Unmöglichkeit, Wirklichkeit als Einheit zu erfassen)
- Hermann Hesse, *Der Steppenwolf* (1927 - zeit- und gesellschaftskritische Auseinandersetzung mit bürgerlichen Vorstellungen und Systemen, Kulturpessimismus)
- Joseph Roth, *Radetzkymarsch* (1932 - Familiensaga, Verfall des Habsburgerreiches, Verknüpfung von Privatexistenz und historischen Prozessen)

1.3 Angaben und Erläuterungen zu wesentlichen Werken

***Gilgi – eine von uns* (1931)**
Gilgi ist eine junge ehrgeizige Stenotypistin, die sich mit sehr viel Fleiß und Disziplin einen Platz im Leben erkämpft hat. Dann beginnt sie ein Liebesverhältnis mit einem äußerst fragwürdigen Mann. Sie wird schwanger, trennt sich dann aber heroisch von ihm und will entschlossen und ungebrochen ein neues Leben in der Großstadt Berlin beginnen.

***Nach Mitternacht* (1937 im Exil geschrieben)**
Der Roman wird im Rückblick aus der Sicht der inzwischen 19-jährigen Susanne Moder erzählt, zwei Tage bevor sie mit ihrem Verlobten aus dem nationalsozialistischen Deutschland flieht. Als 16-Jährige verlässt Susanne ihr Elternhaus in einem Dorf an der Mosel und kommt zu ihrer Tante nach Köln. Zwischen Tante und Nichte entstehen unüberbrückbare Feindseligkeiten aufgrund der nationalsozialistischen Begeisterung der Tante und dem von ihr missbilligten Liebesverhältnis zwischen ihrem Sohn Franz und Susanne. Die Tante denunziert Susanne bei der Gestapo, und Franz, der inzwischen ein kleines Geschäft aufgebaut hat, wird von einem Konkurrenten denunziert. Während Susanne aber nach dem Verhör zu ihrem Stiefbruder Algin in Frankfurt reisen kann, kommt Franz für zwei Jahre ins Gefängnis und verliert jede Lebengrundlage. Auch der bislang sehr erfolgreiche Algin gehört inzwischen zu den von den Nazis boykottierten Schriftstellern, seine Werke stehen auf der schwarzen Liste. Als Franz aus dem Gefängnis entlassen wird, tötet er den Denunzianten, sucht Susanne und flieht mit ihr nach Holland.

Der Roman gilt als der beste der Romane I. Keuns und bietet ein bedrückendes Bild des faschistischen Deutschlands in der Mitte der dreißiger Jahre. Als Zeitroman führt er die in den beiden vorangegangenen Romanen *Gigli* und *Das kunstseidene Mädchen* erfolgten Beschreibungen chronologisch weiter.
(Verfilmung des Romans mit Désirée Nosbusch 1981, Regie: Wolf Gremm.)

2. Textanalyse und -interpretation

2.1 Entstehung und Quellen

Nach dem umjubelten Erfolg von *Gilgi* wurde *Das kunstseidene Mädchen* ein noch größerer Erfolg. Obwohl Irmgard Keun in einem Interview 1982[11] eher von Beobachtungen an anderen als von der Verarbeitung eigener Erlebnisse in ihrem Roman sprach, sind die autobiografischen Parallelen dennoch unübersehbar.

Kurz nach der Erscheinung des Romans tauchte der Vorwurf auf, I. Keun habe aus Robert Neumanns Roman *Karriere* abgeschrieben, ein Tatbestand, den I. Keun heftig bestritt.

Sie bat Kurt Tucholsky um Hilfe; dieser jedoch fand die Ähnlichkeit ebenfalls augenfällig, obwohl er sie sonst für eine hochbegabte Schriftstellerin hielt.

Der Plagiatsvorwurf wurde auch noch in den ausgehenden 60er Jahren aufgegriffen, Neumann distanzierte sich dann aber von allen Vorwürfen.

Vergleiche wurden auch mit Anita Loos' *Blondinen bevorzugt* angestellt.

11 „Emanzipiert bin ich, seit ich denken kann". Irmgard Keun im Gespräch mit Christa Macker. Frankfurter Rundschau vom 15. 05. 1982.

2.2 Inhaltsangabe

Erster Teil

Ende des Sommers und die mittlere Stadt

Doris arbeitet als Sekretärin im Büro eines Rechtsanwaltes in einer Provinzstadt im „Rheinland mit Industrie" (S. 54, Z. 18). Sie wohnt noch zu Hause bei ihren Eltern. Von ihrem Verdienst muss sie dort einen Teil abtreten, da der Vater arbeitslos ist. Ihre Mutter arbeitet in der Garderobe des Theaters. Doris verachtet ihren Arbeitgeber und hat große Probleme mit der Rechtschreibung. Um diese zu kaschieren, lenkt sie ihren Chef trotz des persönlichen Widerwillens mit sinnlichen Blicken ab. Früher als geplant reagiert er aber darauf und es kommt zu Zudringlichkeiten seinerseits. Die Situation endet mit einer Kündigung. Doris gelingt es aber noch, ihn ihr Schweigen über sein Verhalten mit der Bezahlung bis zum Monatsende erkaufen zu lassen. Einen Teil des Geldes setzt sie sogleich in Kleidung um, denn sie plant eine Karriere als Mannequin. Aber es kommt anders: Durch die Beziehungen ihrer Mutter zum Theater bekommt sie dort eine Komparsenrolle. Doris nimmt das Theaterleben mit seinen verschiedenen Gruppierungen genau wahr. Sie spürt sehr schnell die Verachtung, die die ‚richtigen' Schauspieler ihr gegenüber zeigen. Deshalb erfindet sie ein Liebesverhältnis mit dem Theaterdirektor Leo Olmütz. Sofort sind alle Mädchen an ihr und den Geschichten interessiert. Sie zeigen ihren Respekt und möchten Doris' vermeintliche Beziehungen für das eigene Fortkommen nutzen. Weil sie Konkurrentinnen rücksichtslos ausschaltet, bekommt Doris eine Sprechrolle in einem der Stücke. Von der Direktion als „ausgesprochen komische Begabung" (S. 25, Z. 27 f.) eingestuft, wird ihr sogar ein Stipendium an der

Schauspielschule zugesichert. Aber Doris verstrickt sich zu sehr in ihr Netz von Lügen um ihr vermeintliches Verhältnis zu Leo und muss fluchtartig das Theater verlassen - nicht ohne etwas mitgehen zu lassen: Sie stiehlt aus der unbewachten Garderobe einen Pelzmantel (Feh), der sie von diesem Zeitpunkt an ständig umhüllt und begleitet. Sie trifft sich noch am gleichen Tag mit Hubert, ihrer Jugendliebe. Dieser hatte sie damals aus, wie er sagte, moralischen Gründen verlassen. Doris hatte diese Begründung aber schnell als scheinheilig durchschaut und auch bei dieser Begegnung muss sie enttäuscht feststellen, dass Hubert nur wieder an ihr interessiert ist, weil seine ehrgeizigen Pläne gescheitert sind und er bei ihr Geld und Beziehungen vermutet. Von ihrer Freundin Therese bekommt Doris Geld und geht nach Berlin.

Zweiter Teil

Später Herbst – und die große Stadt

Die Großstadt Berlin erfüllt Doris mit Spannung und Erwartung. Aufmerksam beobachtet sie das bunte Treiben um sie herum und erprobt die eigene Wirkung in ihrem Feh auf Männer, durchaus mit Erfolg. Anfangs kommt sie bei Margrete Weißbach unter. Diese ist eine Freundin von Therese, hochschwanger und mit einem arbeitslosen, verbitterten Mann verheiratet. Sie leben unter ärmlichsten Bedingungen. Nachdem das Kind geboren ist, verlässt Doris die kleine Familie und zieht zu einer früheren Kollegin Margretes, zu Tilli Scherer. Deren Mann Albert hat Arbeit außerhalb Berlins gefunden. Tilli nimmt Doris in ihrer Zweizimmer-Wohnung am Alexanderplatz auf und die beiden Frauen entwickeln schnell eine freundschaftliche Beziehung zueinander. Tilli möchte wie Doris „ein Glanz" werden, allerdings beim

Film. Deshalb sucht sie häufig auf der Filmbörse nach Angeboten. Die beiden kommen überein, dass Doris kostenlos bei ihr wohnen kann, wenn diese ihr gelegentlich den Feh-Mantel leiht. Doris hält sich durch wechselnde Männerbekanntschaften über Wasser; von den Männern lässt sie sich aushalten und Kleidung schenken. Dies war auch schon in ihrer Heimatstadt der Fall, jetzt aber ist es ihre einzige Einnahmequelle, da sie keine Papiere hat und auch fürchtet, wegen des Feh-Diebstahls gesucht zu werden. Einer dieser Männer ist der „rote Mond", ein nach eigenen Angaben berühmter Schriftsteller, dessen Frau im Urlaub ist. Sie kann ihn bei einem Besuch in seiner Wohnung von seinen erotischen Absichten ablenken, indem sie das Gespräch auf seine Romane lenkt. Während er vorliest und sie sich langweilt, stielt sie nacheinander fünf seidene Nachthemden und verschwindet dann. Eine weitere Affäre entwickelt sich, als sie in der „hochherrschaftlichen Onyxfamilie" (S. 50, Z. 13 f.) die ungezogenen Kinder hütet und eines Abends ein alter Freund des Mannes kommt. Doris verliebt sich sofort in den „Schönen" (S. 51, Z. 14) und geht mit ihm mit. Am nächsten Tag wird sie entrüstet entlassen, weil der Mann seinem Freund sofort von der Eroberung erzählt hat. Die Hausherrin ereifert sich über Doris' Unmoral. Man kann allerdings vermuten, dass der Hausherr selbst Ambitionen hatte. Mit anderen Männern geht sie mit und bezahlt mit ihrem Körper, dass diese sie freihalten. Dennoch hat sie Angst, zur Hure zu werden, „wie dem Rannowsky seine Weiber" (S. 52, Z. 35). Sie verfolgt täglich das brutale Auftreten dieses Zuhälters, der im Haus unter ihnen wohnt. Einen weiteren Mitbewohner des Mietshauses, in dem sie bei Tilli wohnt, besucht sie hingegen regelmäßig und gern. Es handelt sich um den kriegsblinden Elsässer Brenner, der von seiner bösen, alten Frau bevormundet und schlecht behandelt wird. Ihm beschreibt sie die Stadt und alles, was ihr gut gefällt. Als Brenner dann in ein Heim muss, bittet Doris seine Frau um die Erlaubnis, einen Abend in der Stadt mit ihm verbringen zu dürfen. Sie möchte ihm ihr Berlin zeigen, bevor er seine Freiheit völlig verliert. Nach langem Kampf stimmt die Ehefrau zu und Doris geht mit Brenner durch Berlin, beschreibt ihm die Umgebung und geht mit ihm in Lokale. Aber statt ihn froh und glücklich zu machen, zeigt Brenner ihr die dunklen Seiten der Stadt auf: die Armut, den Schmutz und die Verzweiflung. Glücklicherweise verbreiten jedenfalls am Ende des Ausflugs vier junge Sänger ein wenig Hoffnung und Zuversicht. Dann trifft Doris auf den reichen Industriellen Alexander. Sie wird seine Mätresse, zieht zu ihm und wird von ihm mit Luxus umgeben und darf sogar ihrer Mutter und Therese Geld und Weihnachtsgeschenke schicken. Nach beiden sehnt sie sich sehr. Dann kehrt unerwartet die Frau des Industriellen zurück. Zeitgleich wird er wegen finanzieller Schwierigkeiten verhaftet und so kehrt Doris zu Tilli zurück. Das Zusammenleben dort erweist sich aber als immer schwieriger, denn Tillis Mann Albert ist jetzt zu Hause, ohne Arbeit, verbittert und hart, während Tilli putzen geht. In dieser Situation entwickelt sich ein spannungsgeladenes Verhältnis, weil Albert ein Auge auf Doris wirft und Tilli dies spürt. Als schließlich auch noch Hulla, eine der Huren Rannowsys, aus Furcht vor dessen Brutalität aus dem Fenster springt, verlässt Doris das Haus. Nur für kurze Zeit reicht ihr Geld für ein möbliertes Zimmer, dann zieht Doris zu einem früheren Bekannten, Lippi Wiesel. Ihm gegenüber hat sie sich durch Lügen interessant gemacht, aber spätestens am Weihnachtsabend wird klar, dass er nur eine sexuelle Beziehung zu ihr will und sie nicht als Person achtet. Sie flieht vor seiner Zudringlichkeit und verbringt die Weihnachtsnacht auf einer Parkbank im Tiergarten.

Dritter Teil

Sehr viel Winter und ein Wartesaal

Jetzt ist Doris am Tiefpunkt ihres bisherigen Lebens angekommen. Statt von allen geliebt und bewundert zu werden, verbringt sie ihre Zeit mit ihrem Koffer im Wartesaal am Bahnhof Zoo und wird sogar von den Kellnern und der Toilettenfrau verachtet. Sie geht mit jedem, der ihr Essen oder Getränke bezahlt. Nur gelegentlich bekommt sie etwas ohne Gegenleistung: Sie darf kostenlos in einem Taxi schlafen oder bekommt etwas zu essen. Als kaum noch Alternativen gegeben sind und Doris ernsthaft über Prostitution nachdenkt – sie belügt sich dabei selbst und gibt vor, lediglich ein einziges Mal Geld für einen Neuanfang verdienen zu wollen – begegnet sie dem „grünen Moos" (S. 90, Z. 32 f.), Ernst. Diesem Mann mit der weichen Stimme ist die Frau weggelaufen und er nimmt Doris mit zu sich nach Hause. Er will abends nicht in eine leere Wohnung kommen. Anfangs ist Doris nur froh, ausschlafen zu können und sich körperlich zu erholen. Ihren bisherigen Erfahrungen widerspricht allerdings völlig, dass er keine Gegenleistung von ihr erwartet, sondern nur ihre Gegenwart möchte. Dank seiner Fürsorge und der Geborgenheit erholt sich Doris zusehends. Obwohl sie Ernst anfangs völlig ablehnt und ihn für zu weich und unmännlich hält, entwickelt sie nach und nach eine echte Liebe zu diesem Mann. Sie übernimmt zusehends die Rolle der liebenden Ehefrau, putzt, flickt und kocht. Ernst weiß dies zu schätzen, kann aber seine Frau Hanne nicht vergessen. Als ein Brief von Hanne kommt, verbirgt Doris diesen unter dem Teppich, nicht ohne den Brief vorher gelesen zu haben. Am Ende muss Doris dann aber doch erkennen, dass Ernst seine Frau immer noch liebt, trotz der Fürsorge und Aufmerksamkeit, die er Doris gegenüber gezeigt hat. Deshalb entschließt sie sich zu einem Besuch bei der Ehefrau und stellt die Möglichkeit eines erneuten Kontaktes zwischen den beiden wieder her. Sie selbst verzichtet und verlässt heimlich ohne Abschied Ernst und die Wohnung. Durch einen Brief informiert sie ihn über die Zusammenhänge. Danach ist sie wieder, wo sie zu Beginn ihres Aufenthalts in Berlin war: im Bahnhof Friedrichstraße, mit ihrem Feh als Trost und Schutz.

2.3 Aufbau

Der Roman ist in **drei Teile** gegliedert:

Erster Teil: *Ende des Sommers und die mittlere Stadt*
Zweiter Teil: *Später Herbst – und die große Stadt*
Dritter Teil: *Sehr viel Winter und ein Wartesaal*

Die **Überschriften** folgen der Chronologie der Ereignisse und verweisen auf Ort und Zeiträume der Geschehnisse. Gleichzeitig kennzeichnen sie auch ansatzweise die Stimmung der Protagonistin durch die symbolträchtigen Jahreszeiten und die zur Assoziation einladenden Orte. So werden Langeweile und Erwartung, Niedergang und Hoffnungslosigkeit, Kälte, Einsamkeit und Heimatlosigkeit, der Verlust an Zugehörigkeit und die Sehnsucht nach Halt und Heimat thematisch aufgenommen.

Roman der Kontraste

Der Roman erweist sich außerdem als ein Roman der Kontraste:

Großstadt und Provinz
Glanz und Niedergang
Maskerade, Zerstreuung, Entertainment und bittere Realität, Verzweiflung
Reichtum und Armut
Moralität und Zügellosigkeit
Ängste, Verzweiflung und Mut, Hoffnung
Brutalität und Liebe

und vieles mehr wird teilweise in hartem Kontrast nebeneinander gestellt. Als Beispiel soll hier die Beschreibung der Großstadt durch Doris vor und nach dem Spaziergang mit Brenner dienen.

„... eine mit gelber Bluse lacht russisch – Männer sind froh ohne Frauen und betrunken ohne Wünsche und streicheln sich gegenseitig die Schultern aus besoffener Liebe zu allem – ", S. 64, Z. 26 ff.

„Und manchmal lacht einer – und stopft sich mit seinem Lachen den ganzen Ärger von gestern und morgen in den Mund zurück, indem der rausquillt ... – da sind Reden aus vielen Mündern, die fließen aufeinander zu wie ein Fluss mit ertrunkenen Leichen ...", S. 70 f., Z. 36 ff.

Ein weiteres, sehr anschauliches Beispiel ist der Entwurf von abzulehnender und erstrebenswerter Rolle als Frau (S. 48).
Der Roman ist aus der subjektiven Sicht einer jungen Frau in der **Ich-Perspektive** verfasst. Dabei macht die Protagonistin selbst Angaben zu ihrem Stil und zur Textsorte. Sie gibt vor, ein Tagebuch zu schreiben, distanziert sich aber gleich von simplen mädchenhaften Aufzeichnungen. Auffällig ist, dass sie meist nur vom „Heft" (S. 5, Z. 9) oder „Taubenbuch" (S. 58, Z. 31) spricht bzw. nur den Schreibvorgang benennt. Letztlich ist der Roman aus folgenden Gründen **kein Tagebuchroman**:

- Der Roman beginnt vor dem ersten Eintrag, enthält als Text zeitlich vorangestellt den Entschluss zum Schreiben eines Tagebuches.[12]
- Formal fehlt die exakte Angabe des Zeitpunktes der Eintragungen.
- Es gibt verschiedene Zeitebenen. Das Schreiben im Tagebuch wird als Gegenwart durch „jetzt" (z. B. S. 12, Z. 30) gekennzeichnet, aber nur gelegentlich ist klar der wörtliche

12 vgl. hierzu auch die Ausführungen von Ingrid Marchlewitz, *Irmgard Keun. Leben und Werk.* Königshausen und Neumann, Würzburg 1999, S. 111.

Eintrag ins Buch zu erkennen (z. B. wenn vor Müdigkeit abgebrochen wird, S. 10; Z. 2). Die Schilderung der einzelnen Geschehnisse und Episoden ist so plastisch und detailliert, dass der Leser dies nicht als erinnertes Resümee wahrnimmt, sondern sie als Handlungsgegenwart begreift. Es gibt recht viel wörtliche Rede. Auch dies ist ein Zeichen dafür, dass Erlebnisse hier nicht am Ende eines Tages zusammengefasst und im Tagebuch reflektierend festgehalten werden. Außerdem wechselt das Erzähltempus beständig zwischen Präsens und Präteritum.

- Der Adressat des Textes ist nicht die schreibende Person, die eine Stütze der Erinnerung haben möchte. Dies wird zwar anfangs angegeben (vgl. S. 4, Z. 9), letztlich wendet die Protagonistin sich aber mit Erklärungen und Rechtfertigungen an einen impliziten Leser („Und alles kam so: ...", S. 13, Z. 5), der nicht mit der Protagonistin gleichgesetzt werden kann. Damit verliert der Text seinen für Tagebuchromane typischen monologischen Charakter.
- Die Eintragungen dienen nicht nur als Gedächtnisstütze. Das Tagebuch spielt eine eigene Rolle mit symbolischem Charakter. So wird es als Möglichkeit der Offenbarung ihrer Geschichte dem „grünen Moos" gegenüber eingesetzt (S. 106 f.), es dient dem Gewinn von Ansehen und Prestige bei Kolleginnen, Literaten und Café-Besuchern. Schreiben ist für Doris die Möglichkeit der Beschäftigung zur Überwindung von Müdigkeit (S. 88, Z. 36) oder Verzweiflung. Das Tagebuch wird personifiziert und zum Zufluchtsort: *„Ich schreibe, weil meine Hand was tun will und mein Heft mit den weißen Seiten und Linien ein Bereitsein hat, meine Gedanken und mein Müdes aufzunehmen und ein Bett zu sein, in dem meine Buchstaben dann liegen, wodurch wenigstens etwas von mir ein Bett hat"* (S. 84, Z. 15 ff.).

- Auch stilistisch grenzt die Schreiberin sich von vornherein ab, indem sie ausdrücklich nicht der Tagebuchform folgt, das sei „lächerlich" (S. 4, Z. 5), sondern den Film zum Vorbild nimmt.
- Die angedeuteten Schwächen der Protagonistin hinsichtlich ihrer Orthografie sind im Roman nicht umgesetzt. Dies ist ein weiteres Zeichen dafür, dass wir es hier mit unterschiedlichen Facetten eines erzählenden Ichs zu tun haben.

Allerdings rechtfertigt die häufig eingesetzte **Technik des Bewusstseinsstroms** (stream of consciousness) die fingierte Tagebuchsituation.
Der Roman ist als Ganzes in der Form des ‚monologischen Sprechens' abgefasst.

2.4 Personenkonstellation und Charakteristiken

Doris

Eine hervorstechende Eigenschaft von Doris ist, dass sie stolz auf ihr Äußeres ist. Sie beschreibt sich in verschiedenen Zusammenhängen als nahezu makellos **schön**. Eine recht detaillierte Beschreibung ihres Äußeren ergibt sich beispielsweise aus der Frage des blinden Brenner: „Wie sehen Sie eigentlich aus?" (S. 57, Z. 22 f.).[13] Hier versucht sie eine distanzierte und objektive Beschreibung, die Freude über ihre Schönheit ist dennoch herauszuhören. Sie weiß sehr genau um die Anziehungskraft, die sie auf Männer ausübt, und möchte „ein Glanz" werden. So tut sie alles, um ihre körperliche Attraktivität zu betonen und ihre Wirkung auf Männer zu erproben. Dabei ist sie sehr mode- und körperbewusst, ohne aber ihre Individualität zu verlieren.[14]

Ihr Körper ist ihr Kapital. Sie setzt ihn ein als Gegenleistung für Essen, Trinken und Freundlichkeit, ohne dass ihr moralische Bedenken kommen. Prostitution ist ihrer Meinung nach etwas ganz anderes. Nur wenige Male hat ihre körperliche Hingabe etwas mit wirklicher Liebe zu tun: Ihre ersten sexuellen Erfahrung macht sie mit ihrer Jugendliebe Hubert, den schönen Freund ihres Arbeitgebers (Onyxfamilie) liebt sie aus freien Stücken, von Brenner lässt sie sich gern berühren und mit dem „grünen Moos" wäre sie auch gern zärtlich geworden. In allen anderen Fällen trennt sie streng zwischen Liebe und „Verschiedenes" (S. 66, Z. 12).

---

13 *Das kunstseidene Mädchen* S. 57 f., Z. 29 f.: schöne Figur, schlank, braunschwarze Augen, lange Wimpern, sinnlicher kleiner Mund, zarter Teint, blass, aber rotwangig bei Aufregung, dauergewelltes schwarzes Haar, glatte, makellose Haut, erstklassiger Bauch, beschwingter Gang.

14 „... ich finde, man soll sich nicht so schminken, dass man ein Lachen hat, das einem nicht mehr aufs eigene Gesicht gehört", *Das kunstseidene Mädchen*, S. 30, Z. 27 ff.

attraktiv, körperbewusst, emotional, kess, selbstständig, spontan, liebt Zerstreuung, positiv denkend, romantisch

Doris ist das Gegenteil einer kühl berechnenden Frau. Ihre Emotionen sind meist stark und unmittelbar und schwanken zwischen Wut, Empörung, Freude, Mitleid, Sehnsucht, Angst, Hoffnung, Rührung, Erregung u. v. m. situationsbedingt hin und her. Dabei reagiert sie häufig, ohne lange zu überlegen, gibt sich aber anfangs vorausschauend und zielstrebig. Doris ist kess und schlagfertig.

Sie möchte unabhängig und selbstständig sein. Das führt z. B. dazu, dass sie keinem etwas schuldig bleiben möchte. Das gilt sowohl für Männer (Liebesdienste und Aufmerksamkeit) als auch für Frauen (Verleihen des Fehs, Verschenken von persönlichem Besitz, Rückzahlung von Geld etc.). Als Gegenleistung für den sie umgebenden Luxus hört sie dem Fabrikanten stundenlang zu, wenn er von seiner Kindheit berichtet. Diese Geduld bringt sie dem selbstverliebten Schriftsteller gegenüber nicht auf. Sie kommt auf den ersten Blick recht gut allein durchs Leben, dennoch wünscht sie sich gelegentlich Schutz und Führung (vgl. S. 81, Z. 32 ff.). Zwar hat sie sich Ziele gesetzt und tritt entschieden und selbstbewusst auf, wenn diese Pläne umgesetzt werden sollen. Auch in nahezu verzweifelten Situationen fällt ihr häufig nach kurzer Bedenkzeit immer eine Möglichkeit zur Lösung des Problems ein. Da sie aber nicht langfristig plant und ständig auf Zufälle reagiert, scheitert sie am Ende. Nur einmal ist sie aufgrund der psychischen und körperlichen Erschöpfung am Rande des Selbstmitleids (Anfang des dritten Teils). Insgesamt nimmt sie eher die Dinge als gegeben hin.

Doris liebt die Zerstreuung, den Glanz und Unterhaltung. Deshalb fällt ihr auch in schwierigen Situationen vor allem ein, dass sie ins Kino möchte (vgl. S. 90, Z. 25). Sie hat eine ausgesprochene Neigung, das Positive zu sehen. Das fällt vor allem bei der Beschreibung ‚ihres Berlins' auf. Auch ein Hang zur romantischen Verklärung ist ihr eigen.

bürgerliche Werte: gut, freundlich, m. E. schamhaft, sparsam, warmherzig, hilfsbereit

Obwohl sie sich aus der familiären Bindung löst und auf eine bürgerliche Existenz verzichtet, hat sie dennoch viele bürgerliche Moralbegriffe internalisiert:

Sie würde gern gut sein und anderen Freude bereiten, sieht sich aber angesichts der rauen Wirklichkeit nicht immer imstande, dies zu leisten. Jedenfalls ist sie dankbar für die Situationen, in denen ihr dies möglich ist.[15]

Sie hat Scham- und Ehrgefühl, auch wenn sie in erotischer Hinsicht nicht bürgerlichen Moralvorstellungen entspricht. Bestimmte Körperzonen (Schenkel) oder tabuisierte Bereiche will sie nicht ansprechen und möchte sie nicht einmal dem Tagebuch anvertrauen.[16] Die Doppelmoral bestimmter Bürgerlicher lehnt sie aber ab.

Eine weitere Tugend ist die Sparsamkeit, die sie nicht nur notgedrungen an den Tag legt. Als Ersatzfrau des „grünen Moos" bemüht sie sich immer um sparsame und kostengünstige Haushaltsführung.

Sie ist warmherzig und reagiert betroffen, wenn andere im Elend sind. Hilfsbedürftige und Schwache nimmt sie regelmäßig in Schutz. Das gilt für Tiere wie für Menschen, beispielsweise Hulla.[17] Sie hilft u. a. bei der Geburt von Margretes Kind und gibt von dem Wenigen, das sie besitzt, ab. Wenn es

15 *Das kunstseidene Mädchen* z. B. S. 58, Z. 30; S. 67, Z. 4 ff.; S. 68, Z. 10 ff.; S. 74, Z. 1 ff. (Geschenke für die Mutter und Therese).

16 *Das kunstseidene Mädchen*, S. 58, Z. 10 und Z. 22 f. ; S. 6, Z. 7 ff. : „Mir hat ein Alter mal welche zu zehn bestellt – was soll ich sagen, der war Sadist, und was er genau gewollt hat, ist mir peinlich niederzuschreiben."

17 „... kein Mann darf Schlechtes über die Hulla sagen", *Das kunstseidene Mädchen*, S. 81, Z. 28 f.

ihr gut geht, möchte sie andere, wie ihre Mutter oder Therese, auch teilhaben lassen.

negative Eigenschaften: berechnend, lügt, rücksichtslos, egoistisch, stiehlt, will nicht arbeiten

Andere bürgerliche, insbesondere weibliche Tugenden besitzt sie andererseits nicht. Sie ist beispielsweise nicht kirchentreu und fromm, sondern hält religiöse Unterweisung für unnötig (vgl. S. 68, Z. 29 ff .). Im Umgang mit Männern ist sie berechnend. Sie nutzt deren Naivität und Gutmütigkeit aus und spielt ihnen jeweils geeignete Rollen vor, um an Geschenke o. a. zu kommen.

Sie lügt ohne Bedenken, wenn auch teilweise aus positiven Gründen (z. B. Sterne für den blinden Brenner, vgl. S. 68, Z. 16). Häufig schlüpft sie in bestimmte Rollen und spinnt diese dann aus (jüdische Herkunft, Freundin des Theaterdirektors, Position des Vaters etc.). Sie kann sich ausgesprochen rücksichtslos gegenüber Konkurrentinnen verhalten (Trapper) und ist geradezu stolz auf ihre Fähigkeit, Leute „vornehm schlecht" (S. 65, Z. 30) zu machen.

Immer, wenn sie einen Ort verlassen muss, stiehlt sie noch schnell etwas, um für die Zukunft vorzusorgen, bzw. aus dem Gefühl heraus, den rechtmäßigen Lohn mitzunehmen (Feh, Geld, Nachthemden, Seife etc.).

Dabei hat sie sich fest entschlossen, nicht zu arbeiten. Die Erfahrungen mit dem Rechtsanwalt und der Onyxfamilie haben zu abschreckend gewirkt. Und ihre Sehnsucht nach Extravaganz und Luxus sieht sie nicht als erfüllbar an durch redliche Arbeit bei ihrer Ausbildungssituation. Außerdem hasst sie die Abhängigkeit und Unterwürfigkeit, die dann von ihr erwartet werden könnte (vgl. S. 107–109).

Zu Beginn des Romans hält Doris sich für einigermaßen gebildet und ist stolz darauf, keinen Dialekt zu sprechen. Diese

Einschätzung zeigt aber gerade ihre Naivität und Selbstüberschätzung. Man kann ihr sicher einen gesunden Menschenverstand und einen Blick für Charaktere und menschliche Beziehungen zugestehen. Dazu ist sie neugierig, offen für Neues und unbefangen. Sie lernt aus eigenen Erfahrungen und m. E. aus den Erfahrungen anderer (S. 68, Z. 19 f.). Gesellschaftliche Gruppierungen und Hierarchien entgehen ihr nicht (vgl. S. 72, Z. 16). Ihre Kenntnisse im Umgang mit dem anderen Geschlecht sind recht weitreichend, auch wenn nicht alle ihre Erkenntnisse über die Männer überzeugen. Was ihre Schulbildung anbelangt, ist sie ohne Zweifel sehr ungebildet. Die Kenntnis einer Ballade von Goethe *(Erlkönig)* empfindet sie als großartig, weitere Kenntnisse erwirbt sie durch das Lösen von Kreuzworträtseln und das Belauschen der Gespräche an Nebentischen. Diese Form des Selbststudiums führt auch zu groben Fehlern, beispielsweise, wenn sie sich die Bedeutung des Wortes ‚Marketenderin' erschließt (vgl. S. 20 f.). Ihre Sprache bildet die mangelnde Bildung ab. Erst am Ende des Romans ist Doris in der Lage, die eigene Unbildung zu erkennen.[18]
Der herausragende Zug der Protagonistin ist ihre Angst vor Einsamkeit und Alleinsein.[19]. Sie sucht immer den Kontakt zu Menschen und nimmt eher unangenehme Gesellschaft in Kauf als die Einsamkeit. Lieber ist sie in zwielichtigen Lokalen und Kneipen als allein irgendwo. Aus dieser Furcht heraus ist sie zu Kompromissen bereit und entwickelt zu ihrem Pelzmantel ein nahezu menschlich-persönliches Verhältnis. Er ersetzt ihr beständig und verlässlich menschliche Nähe, Schutz und Wärme. Doris begegnet den verschiedensten Männern, sie erfährt

---

18 „Kommt denn unsereins durch Arbeit weiter, wo ich keine Bildung habe und keine fremden Sprachen außer olala und keine höhere Schule und nichts. Und kein Verstehen um ausländische Gelder und Wissen von Opern und alles, was zugehört. Und Examens auch nicht. Und gar keine Aussicht für über 120 zu gelangen auf eine reelle Art" *Das kunstseidene Mädchen*, S. 107, Z. 32 ff.

19 „... und ich friere mich wieder tot vor Alleinsein" *Das kunstseidene Mädchen*, S. 70, Z. 18 f.

naiv, ungebildet, neugierig, überschätzt ihre Bildung, scheut Einsamkeit, sucht Liebe

verschiedene Möglichkeiten der Begegnung der Geschlechter, dennoch bleibt ihre Suche nach Liebe vergeblich. Die Beziehung zu Freundinnen ist schwierig aufgrund der Distanz oder wegen der Männer. Dabei ist ihr Wunsch, geliebt zu werden, ihr sehnlichster und vorherrschender.[20]

Die Mutter

Die Mutter von Doris ist Garderobiere am Theater. Sie ist offenbar etwas korpulent und ein wenig altmodisch gekleidet, kann aber auf ein bewegtes und erfahrungsreiches Leben zurückblicken. Doris hält ihre Mutter für eine „Klassefrau" (S. 16, Z. 5) und für ein „feines Weib" (S. 15, Z. 23). Sie schätzt besonders an ihr das gewisse Etwas, das sie sich trotz aller bescheidenen Umstände bewahrt hat. Dies drückt sich beispielsweise in der Haltung ihrer Schultern und in ihrer Lebensklugheit aus. Sie fügt sich in die Umstände, ohne dabei kleinlich zu werden.

lebensklug

Doris hat in ihr ein Vorbild, weil sie eigenständig war, viele Männerbekanntschaften hatte, dennoch solide war und sich nicht hat ausnutzen lassen (vgl. S. 54, Z. 20 ff.). Doris hat Vertrauen zu ihr. So weiht sie die Mutter als Erste – wenn auch nicht in allen Details – über die Umstände ihrer Arbeitslosigkeit ein. Auch in Berlin hat Doris ständig Sehnsucht nach ihr und bedenkt sie, wann immer es geht, mit Geschenken. Wie Doris später wollte die Mutter sich ebenfalls von den anderen abheben und etwas Besonderes sein. Um die Nach-

20 „Ich habe in meinem Bauch einen Wunsch, von allen Menschen gemocht zu werden. Das ist immer, wenn einen keiner richtig mag." *Das kunstseidene Mädchen*, S. 77, Z. 1 ff.

barn zu ärgern, nähte sie beispielsweise ein Kleid aus einer Gardine für Doris zur Einschulung. Dass Doris dabei zum Gespött der Mitschüler wurde, nahm sie in Kauf.
Doris hält ihre Mutter für klug und rechnet ihr hoch an, dass sie sie nie geschlagen hat. Das ist in dem Milieu, in dem Doris aufgewachsen ist, durchaus unüblich. Als sie krank war, hat sie sich aufopferungsvoll um Doris gekümmert. Mit dem Alltag war dann allerdings die Fürsorge und Angst um sie vorbei, bedauert Doris. Letztlich weiß sie aber, dass sie mit der Hilfe ihrer Mutter rechnen kann.

Der Vater

Doris weiß von ihrem Vater, dass er nicht ihr leiblicher ist. Sie ist ihm nur „zugeheiratet worden" (S. 54, Z. 20). Auch ihr Vater hat sie nie geschlagen, dennoch hat Doris Angst vor seinem Zorn und seinen lauten Auftritten. Doris empfindet ihren Vater als Schmarotzer und als Angeber. Er ist arbeitslos, nimmt aber das von den Frauen nach Hause gebrachte Geld, um es in Kneipen zu vertrinken. Sein Egoismus ist mit Doppelmoral verbunden.

Egoismus und Doppelmoral

Deshalb kreidet Doris dem Vater sehr an, dass er Geld aus zweifelhaften Quellen von ihr nehmen würde, aber dann vorsichtshalber nicht über die Herkunft nachdenkt. Er müsste sie sonst „in moralischer Empörung" (S. 26, Z. 11) rauswerfen, würde damit aber seine Einnahmequelle verlieren.
Während er zu Hause ein „Popel" (S. 16, Z. 5) ist, tritt er in der Öffentlichkeit - und insbesondere dicken Frauen gegenüber - elegant und verführerisch auf.
Dennoch bietet er der Mutter familiäre Zugehörigkeit und Schutz. Das gibt die Mutter Doris als nachvollziehbaren Grund an, warum sie bei ihm bleibt.

Hubert

Hubert ist Student der Physik und schon Ende zwanzig, als Doris (16) ihn kennen lernt. Sie ist verliebt in ihn und macht ihre ersten sexuellen Erfahrungen mit ihm. Wer wen „rumgekriegt" hat, sehen beide Betroffenen unterschiedlich. Doris unterstellt ihm, dass er männlich stolz auf seine Verführungskünste ist. Sie ist ein Jahr mit Hubert zusammen, obwohl er ihr nicht den Luxus bieten kann, den sie gerne möchte. Als er dann sein Studium abgeschlossen hat, löst er die Verbindung mit Doris. Diese ist vor allem enttäuscht über die Begründung. Sie sieht sehr klar, dass Hubert ihr aus Karrieregründen eine Professorentochter vorzieht und könnte dies als Grund auch verstehen. Er selbst redet aber nur von Gewissen, Moral und Anstand und schiebt ihr die Rolle des liederlichen und unanständigen Mädchens zu. Er beruft sich auf allgemeine Normen, denen zufolge ein Mann eine unberührte Frau als Ehefrau erwartet. Doris setzt sich schlagkräftig gegen diese Doppelmoral zur Wehr, erliegt der Verführung aber ein zweites Mal, als Hubert wieder in die Stadt kommt. Auch in diesem Fall wird deutlich, dass Hubert sie nur aufgesucht hat, um an ihrem potenziellen Reichtum und Ansehen zu partizipieren.

eitel, egoistisch und gefühlskalt

Wie gefühlskalt er ist, wird ihr dann in der letzten Nacht, die sie miteinander verbringen, klar. Sein herausragender Charakterzug ist sein Egoismus, gepaart mit Eitelkeit.

Ernst, das „grüne Moos"

Ernst ist das Gegenstück zu Hubert. Obwohl Doris seine Fürsorge zu schätzen weiß und erstaunt über seine Großzügigkeit und sein Vertrauen ihr gegenüber ist, reagiert sie anfangs geradezu mit Wut und Ekelgefühl auf seine Weichheit und fehlende Männlichkeit.

tolerant und fürsorglich

Auch Ernst ist gebildet und liest z. B. Baudelaire. Im Gegensatz zu Hubert gelten seine moralischen Grundsätze auch für ihn selbst. Er ist tolerant und erhebt sich nicht moralisch über Doris. Aber er überzeugt sie von der Notwendigkeit, den gestohlenen Feh zurückzugeben. In der Beziehung mit Ernst lernt Doris eine neue Form der Begegnung von Mann und Frau kennen: Fürsorge, Schutz und aufeinander einzugehen, erst allmähliche Entwicklung einer sexuellen Beziehung, Liebe. Während Doris' Liebe zu Hubert erkaltete, wächst diese zu Ernst und sie sehnt sich danach, von ihm berührt zu werden.

Ernsts Selbstlosigkeit hat auch mit Rückgratlosigkeit und Unselbstständigkeit zu tun. Er kann nicht allein sein und ist eher bereit, eine völlig fremde, heruntergekommene Person bei sich zu beherbergen, als allein in der Wohnung zu sein. Er leidet still an der Trennung von seiner Frau und kann sie nicht vergessen. Gleichzeitig akzeptiert er aber offenbar deren Entscheidung und unternimmt keine Schritte, um sie zurückzuholen. Doris ist die Aktivere und leitet diesen Schritt ein, als sie erkennt, dass Ernst seine Frau trotz der Verletzungen, die sie ihm zugefügt hat, liebt und ihr treu ist.

2.5 Sachliche und sprachliche Erläuterungen

Adlon	S. 48, Z. 32	luxuriösestes Hotel der Stadt Berlin, erbaut von den Architekten C. Gause und R. Leibnitz, 1945 als Lazarett genutzt, nach einem Brand im Mai 1945 bestand nur noch ein Seitenflügel, der in der DDR als Lehrlingswohnheim diente; dann Abriss und Neueröffnung eines Hotel Adlon am gleichen Platz am 23. 08. 1997
Crêpe lavable	S. 73	aus Kreppgarn gefertigter Stoff, zart, durchsichtig, waschbar
Exaltierung	S. 79	falscher Begriff anstelle von Exaltation, d. h. Zustand der Erregung, Aufregung, Überspanntheit
Georgettekleid	S. 126	Kleid aus zartem, durchsichtigem Gewebe aus Kreppgarn (d. h. mit gewellter oder gekräuselter Oberfläche)
gelbe Georgine	S. 31	Blume; Seerosendahlie, benannt nach dem russischen Botaniker J. G. Georgi
Kakerlake	S. 60	Küchenschabe, meist als Zeichen von Schmutz und unhygienischen Zuständen zu sehen
Katzenzungen	S. 31	Schokolade in länglicher Form, früher häufig statt Pralinen als Mitbringsel verwendet

rosa Korsetts	S. 62	Damenmieder mit Stäbchen, Gummizug und Schnürung
Kunstseide	Titel	Kunst-/Acetatseide, Reyon; aus Zellulose (Holz) hergestellte erste Chemiefaser; nachweisbar durch die so genannte Brennprobe
Laubenkolonie	S. 87	Ansammlung von kleinen Gärten mit Gartenhäusern, die in Zeiten der Arbeitslosigkeit aber auch als feste Wohnsitze dienten
Marseillaise	S. 33	Französische Nationalhymne, 1792 entstandenes Marschlied der Französischen Revolution; hier als Zeichen des Aufbruchs und Neuanfangs zu sehen
Mazurka	S. 31	Polnischer Nationaltanz, im 18. Jahrhundert als Gesellschaftstanz beliebt
Prater	S. 118	Naturpark und Auengelände im Südosten Wiens, ehemals Tierpark und Jagdgebiet des Hofs, wurde 1766 für das Publikum freigegeben, enthält Karusselle, Riesenrad, Buden etc.
Rollmops	S. 13	sauer eingelegter, aufgewickelter Hering mit Gurke, bekanntes Mittel gegen Kater bei übermäßigem Alkoholkonsum
Romanisches Café	S. 61	Berliner Café gegenüber der Kaiser-Wilhelm-Gedächtniskirche, erbaut im romanischen Stil, Treffpunkt von Künstlern

Schmiss	S. 86	bei einer Mensur (Fechtduell in studentischer Verbindung) erhaltene Wunde und die dadurch entstandene Narbe; hier Bezeichnung für den Mann mit einem Schmiss
Tauberplatten	S. 73	Platten mit Musik von Richard Tauber (1891-1948), lyrischer Tenor von Weltruhm
Tender	S. 20	an die Lokomotive angekoppelter Wagen, in dem Wasser und Kohle mitgeführt werden
Zelluloid	S. 11	leicht brennbarer Kunststoff (Zellulosenitrat, Zellhorn); wurde früher häufig für Spielzeug und Puppen verwendet

2.6 Stil und Sprache

Die sprachliche Gestaltung des Textes ist einerseits stark bestimmt durch den Charakter und Bildungsstand der Protagonistin, ihre Umgebung und die Erzählsituation. Andererseits lässt sich aber auch erkennen, dass die Sprache bewusst ausgestaltet wurde und literarischem Formwillen unterliegt; sie ist eine deutlich erkennbar aus vielen Elementen komponierte Sprache.

Durch ihre Sprache wird die Protagonistin Doris als jemand charakterisiert, der frech, humorvoll und spontan auf Situationen und Menschen eingehen und mit ihnen reden kann. Es überwiegt der ungekünstelte **Alltagsjargon** mit einer emotionalen und kraftvollen Sprache. Daneben wird der Protagonistin aber sehr schnell klar – auch wenn sie dies nicht versprachlichen kann –, dass es verschiedene **Gruppen- und Fachsprachen** gibt, denen man sich anpassen muss. So versucht sie sich beispielsweise den Theaterjargon anzueignen, legt Listen mit Fremdwörtern an (S. 62, Z. 7) oder ist bemüht, wie die Intellektuellen zu sprechen (*„Ich bildete mich ungeheuer, und es war, als wenn ich eine fremde Sprache lerne."*, S. 61, Z. 23 f.). Dabei kommt es aber auch zu **Fehlern** und zu Fehleinschätzungen ihrer Fortschritte und ihres Wissens (vgl. ihre Erklärung des Wortes „Marketenderin", S. 20, Z. 32 ff.). Ihrer einfachen Bildung entspricht es, dass ihre Sprache insgesamt eine Vielzahl an typischen und immer wiederkehrenden **Verstößen gegen syntaktische und semantische Regeln** aufweist.

Die extreme Häufung von recht ungewöhnlichen **Vergleichen** verweist auf eine phantasievolle und kreative Person, die eine besonders bildliche Vorstellungsgabe besitzt. Dieser Eindruck wird durch die **Wortneuschöpfungen** bestätigt.

In den Text wird - entsprechend dem länger werdenden Aufenthalt in Berlin - zunehmend Berliner **Dialekt** eingebaut. Dabei wird aber überwiegend die Ausdrucksweise anderer Personen (z. B. Karl) wörtlich wiedergegeben. Auch Sprachformeln und **Floskeln** der Zeit sind Bestandteil der Sprache des Romans.

Immer wieder ist der Roman aber auch eindeutig literarisch gestaltet. Das liegt einerseits an der grundsätzlichen Erzählsituation als fingiertes Tagebuch, die „der Autorin die Vertraulichkeit mit ihrer verzückten Hauptfigur und ironischen Abstand zu deren Naivität"[21] ermöglicht. Dieser Abstand wird ebenfalls daran erkennbar, dass **literarische Stilmittel** wie Metaphern, Alliterationen, Anaphern, Metonymien, rhythmische Sprache u. a. im Text zu finden sind. Das erzählende Ich unterscheidet sich hier von der naiven Protagonistin. So entsteht eine Mischung aus Kunstsprache und verschiedenen Dialekten, Soziolekten, sprachlichen Umgangsformen, Sprichwörtern, Bestandteilen der Sprachen der Öffentlichkeit wie der Politik, der Medien, der Werbung etc.[22]

---

21 Wilfried F. Schoeller, *Erfahrungschroniken abgründiger Abenteuer.* Süddeutsche Zeitung v. 07. 11. 1979.

22 Vgl. dazu Gerd Schank, *„Das kunstseidene Mädchen" von Irmgard Keun. Skizze einer Frauensprache.* in: Hans Ester und Guillaume van Gemert (Hrsg.), Annäherungen: Studien zur deutschen Literatur und Literaturwissenschaft im 20. Jahrhundert. Amsterdam: Ropodi 1985, S. 57 f .

Sprachliches Mittel	Erklärung/ Funktion	Beispiel, Textbeleg	Seite
Ellipsen	Anlehnung an gesprochene Sprache, Ausdruck von Müdigkeit, Kennzeichen des niedrigen Bildungsstandes und der Spontaneität der Protagonistin	„Bin gerade nach Hause gekommen.“ „Gottogott müde. Und zu nichts Lust. So egal alles.“ „Aber von meinen 50 Mark hatte ich mir gleich einen Hut mit Feder gekauft – dunkelgrün – das ist jetzt Modefarbe, und steht mir herrlich zu meinem erstklassigen rosa Teint. Und ist schief auf einer Seite zu tragen – kolossal fesch – und ich hatte mir bereits einen dunkelgrünen Mantel machen lassen – streng auf Taille und mit Fuchsbesatz – ein Geschenk von Käsemann, der mich durchaus beinahe heiraten wollte. Aber ich nicht.“	S. 8, Z. 11 S. 84, Z. 27 S. 5, Z. 17 ff.
sehr häufige „und“-Verknüpfungen, auch am Satzanfang; auffällig wenig andere, nur sehr einfache Konjunktionen wie „weil“ und „aber“, teilweise falsch verwendet	Ausdruck der fehlenden gedanklichen Komplexität, mangelnde logische Fähigkeit Assoziation, Rhythmik statt logische Ordnung	„Tilli sagt: Männer sind nichts als sinnlich und wollen nur das. Aber ich sage: Tilli, Frauen sind auch manchmal sinnlich und wollen auch manchmal nur das. Und das kommt dann auf eins raus. Denn ich will manchmal einen, dass ich am Morgen ganz zerkracht und zerküsst und tot aufwache und keine Kraft mehr habe zu Gedanken und nur auf wunderbare Art müde bin und ausgeruht in einem. Und sonst geht er einen ja nichts an. Und es ist auch keine Schweinerei, weil man ja gleiche Gefühle hatte, und jeder will dasselbe vom andern.“	S. 59, Z. 1–9; auch S. 58, Z. 12 ff., S. 14, Z. 32 ff. u. v. m.

Sprachliches Mittel	Erklärung/ Funktion	Beispiel, Textbeleg	Seite
Aufzählungen (häufig dreigliedrig)	Rhythmik, Betonung von Einzelaspekten	„Und hochgewölbt und kalt und billig."	S. 85, Z. 35 f.
Inversion	fehlende gedankliche Stringenz	„und hat mir die Klosettfrau ein Zervelatbrot geschenkt"	S. 84, Z. 21 f.
		„und sollte ich Wein trinken und hätte so gern was gegessen"	S. 85, Z. 24
nicht beendete Sätze oder andere Verstöße gegen syntaktische Regeln Technik des Bewusstseinsstroms	Ausdruck von Verwirrung, Gedankenfetzen, Müdigkeit	„Und Leo wartete - wegen der Pyjamas - es war spät - die Ellmanns - ich war von der Welt losgerissen - und mein wütender Vater - alles war verkorkst -"	S. 37, Z. 18 ff.
		„- ich müsste sie auf Leisten tun, weil Wildleder ..."	S. 10, Z. 1 f.
ungewöhnliche Nominalkonstruktionen, Verbindungen mit „sein"	mangelnde Bildung, Identifikation	„Ich bin ein Detektivroman."	S. 35, Z. 28 f.
		„ich bin doch jetzt schon Schauspielschule"	S. 28, Z. 13
		„ich war ein dankbares, lachendes Weinen"	S. 51, Z. 22 f.
Grammatische Fehler:			
falscher Genitiv	Umgangssprache, mangelnde Bildung	„gesungen von Elisabeth ihre schönen Beine"	S. 25, Z. 24 f.
Fragewörter statt Relativpronomen, „trotzdem" anstelle von „obwohl", ungrammatische Wendungen, Verwechslung von Aktiv und Passiv, Genus, Plural- und Tempusfehler		„wegen dem Feh"	S. 38, Z. 12
		„eine Frau, was sich die Haare gelb färbt"	S. 14, Z. 35 f.
		„trotzdem die Pfoten sich schmerzhaft in meinen Hals drückten"	S. 11, Z. 23 f.
		„Macht es Ihnen eine Störung?"	S. 121, Z. 17
		„war fertig studiert"	S. 10, Z. 34 f.
		„viel Zeitungen"	S. 11, Z. 1
		„mein lachsfarbenes Kombination"	S. 11, Z. 36 f.

Sprachliches Mittel	Erklärung/ Funktion	Beispiel, Textbeleg	Seite
		„jetzt muss ich mich aber bass wundern"	S. 6, Z. 12
Berliner Dialekt	Lokalkolorit	„Natürlich sindse selber die varrickte Nudel, mekkernse mir hier nichts vor"	S. 127, Z. 31 f.
unpassende Ausdrücke, Wortverwechslungen	mangelnde Bildung	„schneide die Konsequenz oder fahre ab"	S. 80, Z. 22 f.
		„gelogene Krankheit" (statt erlogen)	S. 29, Z. 34
Stilistische Besonderheiten: Umformung von Sprichwörtern und Redensarten	Ausdruck von Kreativität Halbbildung	„war auch verliebt in ihn so mit Kopf und Mund und weiter abwärts"	S. 10, Z. 26 f.
Vergleiche, Metaphern	literarische Sprache	„dass ich sie so schön und so wie eine gesungene Nacht finde"	S. 28, Z. 7 f.
		„eine Sprache wie weiche fließende Mayonnaise"	S. 64, Z. 23 f.
		„kleine schwarze Zahnbürsten haben Männer über Lippen"	S. 64, Z. 22 f.
		„Die Stimme schlägt meine Veilchen tot"	S. 66, Z. 33
ungewöhnliche Partizipialkonstruktionen, Komposita	Verkürzungen, Bildhaftigkeit	„verheiratete Betten" „Küchenstimme", „gestorbene Grabsteine" „geküsste[r] Dummheit" „Schwanenpelzpantoffeln"	S. 49, Z. 19 S. 67, Z. 8 S. 69, Z. 33 f. S. 51, Z. 35 S. 48, Z. 27
Alliterationen	sprachlicher Wohlklang	„da ist Geigenmusik, die **w**eht **w**einerliche **W**olken in mein Gehirn"	S. 47, Z. 31 f.
		„ich **s**ammle **S**ehen (...) und **L**okale und **L**eute und **L**aternen"	S. 57, Z. 17 f.

Sprachliches Mittel	Erklärung/ Funktion	Beispiel, Textbeleg	Seite
gewählte Sprache	Versuch der Anpassung an vornehmes Umfeld	„und ich verbleibe ruhend im Spitzennachthemd oder Negligé"	S. 74, Z. 8
Sentenzen, „man"-Sätze, floskelhafte Wiederholung	Verallgemeinerung	„Man muss wissen wofür." „Man muss rationell wirtschaften." „man kennt das"	S. 38, Z. 1 S. 102, Z. 11
ironische Darstellung	Gesellschaftskritik	„es gibt ja viele Essen, bei denen der Name von einem weiten Ort am schönsten schmeckt, weil so was einem als Deutschen (...) was Überlegenes gibt, und ich kannte doch Männer, die wurden beim Sitzen durch ein unsichtbares Kissen unter ihrem Popo erhöht, wenn sie allein Italienischen Salat bestellten – nur wegen dem italienisch"	S. 4, Z. 32 S. 122, Z. 13 ff.
Wiederholungen, meist zwei- und dreigliedrig	Ausdruck emotionaler Verwirrung	„aber so schön, so schön (...) Ja, ja, ja, ich war so dumm."	S. 51, Z. 8 ff.
Wortverwechslungen	geringe Bildung	„ideal" statt idealistisch, „Gewohnheit" statt Gewöhnung	S. 5, Z. 8 S. 40, Z. 36
Wortneuschöpfungen	Betonung der Bildhaftigkeit, poetische Sprache	Glanz – beglänzen – Seitenglanz	S. 35, Z. 20 f.

„Schreiben wie Film"

> *„Aber ich will schreiben wie Film, denn so ist mein Leben und wird noch mehr so sein. (...) Und wenn ich später lese, ist alles wie Kino – ich sehe mich in Bildern."* (S. 4, Z. 6 ff.)

Wenn Doris angibt, schreiben zu wollen „wie Film", bezeichnet sie damit die Wiedergabe ihres Lebens in Bildern. Sie will in optische Ausdrucksformen wechseln und ein Bild an das andere reihen. Dadurch soll ihr Leben erinnerbar gemacht werden. Es soll aber gleichzeitig eine größere Relevanz bekommen, sie will zum Filmstar ihres Lebens werden.
Die obige Aussage zum Stil hat verschiedene Konsequenzen:

- Zum Ersten spiegelt sich die **Vorliebe für Visuelles** in der **Beschreibung** von Umgebung und Personen, vor allem aber auf einer zweiten Ebene in der ungeheuren Anzahl von **Vergleichen und Metaphern.**
- Zweitens gibt es häufig **unverknüpfte aneinander gereihte Eindrücke**, meist durch Gedankenstriche angedeutet, die schnellen **Filmschnitten und Montagen** gleichen. Dabei kann sich das Tempo teilweise drastisch steigern (vgl. z. B. S. 60 f.). Die Sprachformel „ich sehe" kehrt in diesem Zusammenhang immer wieder.
- Drittens werden – dem Medium Film entsprechend – auch **Geräusche und Hintergrundmusik** (Schlager) aufgenommen. Über das Filmische hinaus geht die Verknüpfung der Eindrücke mit Gerüchen. Dies ist einerseits ein Zugeständnis an den blinden Brenner, der auf andere Sinnesorgane angewiesen ist, andererseits ist Doris' Neigung zu **Synästhesien** grundsätzlich in ihren Vergleichen spürbar (z. B. *„die Musik ist geblümt wie ein Chiffonkleid, das immer schnell zerreißt"*, S. 64, Z. 34f oder auch S. 64, Z. 11 f.).

- Viertens ist die **Wiedergabe der Realität** durch das Medium Film nur eine scheinbar objektive.[23] Der **subjektive Blickwinkel**, der jede Kameraführung bedingt und deren manipulierende Wirkung in unserer Zeit immer stärker berücksichtigt wird, wird hier schon durch die konstante Verknüpfung der Eindrücke mit der Protagonistin - ihrem Wissen, ihrer Erfahrung, ihren Vorlieben - hervorgehoben („*da ist die Gedächtniskirche und mit Türmen so grau wie Austernschalen – ich kann Austern essen hochfein –*", S. 61, Z. 9 ff.). In diesem Zusammenhang gehört auch die Tatsache, dass die unterschiedliche Wahrnehmung einer Situation oder sogar ganzen Stadt betont wird. Doris fällt nach dem Ausflug mit Brenner auf, dass sie ihr „*helles Berlin*" (S. 69, Z. 17) nicht mehr entdecken kann.
- Fünftens sind **Bildgröße** und **Bewegung** entscheidende Faktoren. Die einzelnen Beobachtungen wechseln von umfassenden Ansichten (vgl. z. B. S. 60) zu winzigen Details (vgl. Kameraeinstellungen von Totale bis Großaufnahme). Doris erlebt die eigene Bewegung durch Berlin, sie nimmt nacheinander Bilder auf, indem sie sich im Taxi oder zu Fuß (vgl. Kamerafahrt) durch Berlin bewegt, aber auch, indem sie den Blick schweifen lässt (vgl. Schwenk). So schärft sich durch den filmischen Blick die Wahrnehmungsfähigkeit Doris'.
- Wie in einem Episodenfilm oder in **filmischen Rückblenden** werden kleine, in sich **abgeschlossene Geschichten** und Ereignisse sehr knapp und durch eine Folge von „Bildsequenzen" erzählt (vgl. z. B. S. 67, Z. 25–31 - Erzählung

23 zum Film der 20er/30er Jahre:
„Poetischer Realismus" im Film = vom frz. Kritiker George Sadoul geprägte Bezeichnung für eine Reihe Filme, die in den 30er und 40er Jahren in Frankreich entstanden. Sie zeichnen sich aus durch realistische, doch lyrische Schilderung des Alltags, stimmungsvolle Kameraführung und gekonnte, naturalistische *mise en scène*" (James Monaco, *Lexikon der Fachbegriffe zu „Film und neue Medien"*, Rowohlt Verlag, Hamburg 2000, S. 130).

von der Wasserleiche, auch S. 77, Z. 4-9 – Entwicklung der Beziehung zu Albert).

Doris' Beschreibung ihres Berlins für den blinden Brenner (und für den heutigen Leser) lässt sich sehr gut vergleichen mit Sequenzen aus zeitgenössischen Filmen wie *Lola rennt* (Tom Tykwer, 1998) und *Mathilde – eine große Liebe* (*Un long dimanche à fiancailles*, Jean-Pierre Jeunet, 2005). Hier werden durch sehr schnell aneinander gereihte unbewegte Bilder/Fotos die Geschichten einzelner Personen erzählt.

Ein krasses **Beispiel für schlechtes Erzählen** enthält die Episode mit dem „roten Mond" (S. 49 f., Z. 37 ff.). Als Resümee kann zusammengefasst werden, welche **Regeln beim Schreiben von Romanen** befolgt werden sollten:

1. Man sollte sich nicht nur auf frühere Berühmtheit oder angeblichen Esprit berufen. Besonders peinlich ist dies, wenn man in höchsten Tönen lobend von sich selbst spricht.
2. Man sollte keine langweiligen Geschichten ohne nennenswerten Inhalt schreiben. Rebenhügel und den Berg heruntertanzende Mädchen sind für die Leser nicht von Interesse (vgl. S. 49).
3. Die Figuren dürfen nicht blass und die Situationen nicht unrealistisch sein (vgl. S. 50).
4. Feinheiten, die der Leser nicht zu erkennen vermag, sind überflüssig.

Leitmotive und Dingsymbole

Anfangs verwendet die Protagonistin auffällig viele verallgemeinernde Aussagen, insbesondere über Männer. Sentenzen wie „das kennt man", „so sind die Männer" kommen häufig vor und verweisen darauf, wie überlegen sich die Protagonistin im Spiel mit männlichen Wünschen und Begierden, aber auch Eitelkeiten und Gewohnheiten fühlt. Gleichzeitig bietet sich hier auch die Möglichkeit des stillen Einverständnisses von (insbesondere) Leserinnen. Diese Floskeln verschwinden im Laufe des Romans weitgehend. Dies ist darauf zurückzuführen, dass sehr viel mehr Erfahrungen gemacht werden und die Vereinfachung zu einer überschaubaren Anzahl von Eigenschaften der Männer nicht mehr gelingt. Wachsende Lebenserfahrung und Einsicht in die eigene beschränkte Erkenntnis sind als Ursache anzugeben. In dieser Situation der wachsenden Unsicherheit bekommt der gestohlene Pelzmantel nun seine Funktion.

Der Feh

Bevor Doris das Theater verlässt und nach Berlin geht, stielt sie aus der Garderobe den Eichhörnchenpelzmantel der Frau Ellmann. Dies geschieht zwar aus einer Verkettung von zufälligen Begleitumständen heraus, dennoch wird die magische Anziehungskraft (vgl. S. 37, Z. 1 f.), die der Feh für Doris besitzt, immer wieder betont. Er bekommt die Funktion eines Dingsymbols mit folgenden Merkmalen:

- Er ersetzt Menschen, denen Doris nahe ist und denen sie vertraut (*„wie ein Mensch mit Seidenhaar am ganzen Körper"*, S. 116, Z. 33 f.). Er wird entsprechend personifiziert als *„sanft und gut"* (S. 116, Z. 34), leidensfähig (vgl. S. 117, Z. 10 f.), *„zart und grau und schüchtern"*, S. 36, Z. 26) und einfühlsam (*„Um mich war der Mantel und hatte mehr schlagendes Herz für mich als Hubert"*, S. 37, Z. 11 f.). Entsprechend reagiert Doris mit Zärtlichkeit und Liebe und Achtsamkeit auf diesen Mantel.

- Er ersetzt sogar den Partner, den Traummann („*So hochelegant bin ich in dem Pelz. Der ist wie ein seltener Mann, der mich schön macht durch Liebe zu mir. (...) Der Mantel will mich und ich will ihn, wir haben uns.*" S. 38, Z. 13 ff.).
- Er wird aber auch überhöht und bekommt fast religiöse Bedeutung, etwa wie ein Schutzengel („*Er sah nach Trost aus und Allerheiligen und hoher Sicherheit wie im Himmel*", S. 36, Z. 27 f.).
- Er gibt Ansehen und Anerkennung, erzeugt Selbstwertgefühl, schafft Wärme und ein Gefühl der Geborgenheit („*Ich habe den Feh an und wirke*", S. 40, Z. 8 f.; S. 116).
- Der Feh als äußerer Teil von Doris soll anziehen im doppelten Sinn („*meine Haut zieht sich zusammen vor lauter Wollen, dass mich in dem Feh einer schön findet, den ich auch schön finde*", S. 47, Z. 29 ff.). Er ist Ausdruck der intensiven Sehnsucht nach gegenseitiger Liebe und Zuneigung („*man müsste sein mit einem, der mir gefällt. Gefällt. Gefällt, gefällt.*" S. 47, Z. 22).

Sie rechtfertigt den Diebstahl insgeheim damit, dass die Ellmann den Mantel aus charakterlichen Gründen nicht verdient und ihn ohnehin nicht braucht. Gleichwohl ist Doris zum Zeitpunkt ihrer Beziehung zum „grünen Moos", der ihr gegenüber Fürsorge empfindet und ihr Geborgenheit und Heimat bietet, fast bereit, den Pelz zurückzugeben. Bezeichnenderweise gibt sie diesen Vorsatz auf, sobald sie wieder allein ist.
Volker Klotz[24] sieht den Pelzmantel als bezeichnendes Leitmotiv für die Neue Sachlichkeit an, da er die Tendenz der Überbewertung von Oberflächenreizen aufnimmt; er ist ein Zeichen der Überforderung seiner Trägerin mit der Situation. Nicht nur Doris hat Besitz von dem Mantel ergriffen, sondern

24 in: Volker Klotz, *Ein Kunstseidenes Mädchen und seine seidene Kritik. Irmgard Keuns früherer Roman ist neu erschienen*. Frankfurter Rundschau vom 21. 07. 1997.

auch umgekehrt der Mantel von ihr. Unbestreitbar ist, dass die wertsteigernde Ausstrahlung des Mantels von Doris genutzt wird, sie aber auch von diesem Gegenstand abhängig ist. Es passt zu dem „kunstseidenen Mädchen", dass es sich bei dem Mantel lediglich um Eichhörnchenfell handelt. Wirklich kostbare Stoffe wie Seide und exotische Tierpelze kommen für das junge, im Grunde doch noch bürgerliche und in der Provinz verhaftete Mädchen nicht in Betracht. Herkunft und Zugehörigkeit zu einer Schicht lassen sich nicht abstreifen und auswechseln, wie man einen Mantel an- und auszieht.

Glanz

Doris hat die erklärte Absicht, ein „Glanz" zu werden. Mit dieser immer wiederkehrenden Formulierung wird der Wunsch verknüpft, anders zu sein als die anderen, herauszuragen, sie zu überstrahlen, wichtiger zu sein. Die Metapher beinhaltet sehr viele verschiedene Aspekte:

1. **Hierarchie**: *„Das ist komisch: Jeder Glanz hat über sich noch einen höheren Glanz."* (S. 72, Z. 16 f.)
Doris lernt Unterordnung in unterschiedlichen Zusammenhängen kennen:

- Der Vater ist in der kleinbürgerlichen Familie das Oberhaupt und bestimmt über sie und die Mutter, obwohl er der Nutzloseste und am wenigsten Verantwortungsvolle ist. Er nimmt sich das Recht, Geld zu fordern, moralische Grundsätze festzulegen und Doris gegebenenfalls vor die Tür zu setzen.
- Im Theater wird streng auf die Ranghöhe geachtet.

- Im Arbeitsverhältnis wird die Überlegenheit des Arbeitgebers deutlich. Diese Form der Überlegenheit wird allerdings von Doris nicht mit „Glanz" verknüpft.
- Armut erniedrigt. Selbst Toilettenfrauen und Kellner drücken ihre Verachtung aus. Im Gegenzug sind die Frauen, die finanziell unabhängig und gesellschaftlich hochstehend sind, bewundernswert.
- Im Vergleich zur Prostituierten Hulla ist Doris trotzdem noch ein „Glanz".

2. **Karriere, Bewunderung, Achtung und Verachtung**: *„Ich will so ein Glanz werden, der oben ist. (...) Und die Leute achten mich hoch, weil ich ein Glanz bin."* (S. 26, Z. 27 ff.); *„Ich werde ein Glanz, und was ich dann mache, ist richtig – nie mehr brauch ich mich in Acht nehmen (...) nichts kann mir mehr passieren an Verlust und Verachtung, denn ich bin ein Glanz"* (S. 26 f., Z. 35 ff.); *„Ich habe ausgeglänzt, meine Karriere ist hin, alles ist hin"* (S. 34, Z. 22 f.)

Ein Glanz sein bedeutet Berühmtheit und Anerkennung, der Begriff ist für Doris mit der Achtung der Menschen und mit persönlicher Unabhängigkeit und Souveränität verknüpft. Wer berühmt ist, braucht ihrer Meinung nach nichts mehr zu fürchten. Man kann sogar andere Menschen in seinen Ruhm miteinbeziehen, zum *„Seitenglanz"* (S. 35, Z. 21) machen. Gerade in dieser Hinsicht zeigt sich ihre Naivität, aber sie lernt zunehmend die Machbarkeit einer solchen Karriere zu bezweifeln bzw. fragt nach den Bedingungen: *„Ob man wohl ein Glanz werden kann, wenn man es nicht von Geburt ist?"* (S. 28, Z. 12 f.; vgl. auch S. 53).

3. **Menschliche Wärme**: *„Und es ist kein Glanz und keine Menschen – lauter gestorbene Grabsteine gehen."* (S. 69, Z. 33 f.)

In der Trostlosigkeit und Anonymität der Großstadt Berlin gehen menschliche Nähe und Wärme verloren. Doris muss lernen, dass selbst Reichtum und die äußeren Anzeichen von glanzvollem Dasein nicht glücklich machen (S. 76).

4. **Schönheit:** *„Und man wird alt mit zeitigen Jahren, wo, was ein Glanz ist mit Hermelin, noch lange nicht alt ist –"* (S. 109, Z. 2 f.), *„Ich wurde manchmal sehr gehoben durch ihn* (Feh) *und eine höhere Schule (...) und ein Anfang von einem Glanz."* (S. 116, Z. 30 ff.) Die Position, in der man sich als „Glanz" befindet, bewirkt auf vielfältige Weise (Kleidung und andere Requisiten, gepflegtes Äußeres, Ruhe statt eines aufreibenden Arbeitslebens, Zufriedenheit etc.), dass die Schönheit erhalten und der Alterungsprozess aufgehalten wird. Beides sind für Doris außerordentlich wichtige Aspekte.

5. **Freude, Helligkeit und Leichtigkeit:** *„– ich habe eine Lust, mein Gesicht in meine Hände zu tauchen, damit es nicht so traurig ist. Es muss sich soviel Mühe geben, weil ich ein Glanz werden will."* (S. 47, Z. 33 ff.)
„Ein Glanz" strahlt für Doris Freude und Fröhlichkeit aus. Deshalb ist es auf dem Weg dorthin außerordentlich wichtig, Unglück nicht zu zeigen.

Erst nach der Trennung von Ernst entwickelt Doris die Vorstellung, dass moralische Integrität und das Dasein als „Glanz" sich möglicherweise ausschließen. Herzensgüte scheint ihr letzten Endes doch wichtiger zu sein. Möglich ist allerdings auch, dass Resignation im Spiel ist, wenn sie abschließend meint: *„Auf den Glanz kommt es nämlich vielleicht gar nicht so furchtbar an."* (S. 130, Z. 23 f.)

2.7 Interpretationsansätze

Theater, Film, Schlager und Leben

Die Protagonistin Doris kündigt zu Beginn des Romans an, dass sie schreiben wolle *„wie Film"* (S. 8, Z. 6), denn so sei ihr Leben und werde es *„noch mehr so sein"* (S. 8, Z. 7). Voraussetzungen für ihre Karriere sieht sie in der Ähnlichkeit mit einer bekannten Schauspielerin (S. 8, Z. 7 ff.) und ihrer Schönheit ganz allgemein. Ihr ganzes Leben wird zu einer **Selbstinszenierung**. Sie möchte auffallen, Achtung und Respekt und Verwunderung erzeugen. Wie Filme es tun, bietet sie ihr Leben als Ersatz für andere an. Sie genießt es beispielsweise, dass ihre Kollegin Therese sich in Ermangelung eines eigenen aufregenden Lebens sich an ihrem Schicksal festgelebt hat (vgl. S. 10, Z. 6 ff.) und gesteht sogar, dass sie ohne das Erzählen darüber sonst *„nicht so große Lust"* hätte, *„fabelhafte Erlebnisse zu haben"* (S. 10, Z. 12 f.).

Selbst ohne Zuschauer setzt sie sich in Szene, indem sie z. B. lieber ohne Mantel und im Nachthemd anfängt zu schreiben, als einen weniger schicken Mantel anzuziehen. Männern gegenüber spielt sie verschiedene Rollen, die sie jeweils für angemessen hält. So präsentiert sie sich ihrem Chef als verliebte Angestellte, anderen Männern als hingebungsvoll, beeindruckt, als bescheiden, schamhaft, tugendhaft, von ihrer erotischen Ausstrahlung gefangen genommen. Dies geschieht aber in der Regel planvoll und aus praktischen Gründen: Sie will von den vielen Fehlern in ihren Texten ablenken, nicht mehr die anstrengende Heimfahrt antreten müssen, eine neue Uhr oder Kleidungsstücke, Unterkunft, Essen, Aufstiegsmöglichkeit u. v. m. Dabei geht sie meist davon aus, dass die Männer zu dumm und zu eitel sind, um ihr Spiel zu durchschauen.

Sich selbst zwingt sie gelegentlich zum Durchhalten der jeweils gewählten Rolle durch kleine Tricks (z. B. rostige Sicherheitsnadeln oder hässlichen Regenmantel). Das eigene Leben wird zur Theaterbühne, die Glaubwürdigkeit ihrer Inszenierung zur Herausforderung („*Schönes Theater wird sie ihm vorgemacht haben. So'n Mann glaubt ja alles. Dem was vorlügen macht gar keinen Spaß – der glaubt ja alles ohne weiteres. Ich brauche da ganz andere, der ist mir zu leicht – wo ich doch in mein Lügen künstlerisch entwickelt habe.*", S. 103, Z. 6 ff.). Nur in den Fällen, wo sie wirklich emotional beteiligt ist, tritt das Rollenspiel hinter die eigene Person zurück.
Ihre große Chance, ein „Glanz" zu werden, sieht sie dann, als sie eine kleine Statistenrolle am **Theater** bekommt. Anfangs glaubt sie durch die bloße Beteiligung im Theater ihr Ziel erreicht zu haben („*Es hat sich Einschneidendes begeben, denn ich bin jetzt Künstlerin*", S. 17, Z. 7 f.). Dann lernt sie aber zusehends mehr über die Bedingungen des Theaters, indem sie sehr genau beobachtet und teilweise mit beißender Kritik vermerkt, was um sie herum vorgeht. Notwendige Voraussetzungen für eine Karriere am Theater sind nach ihrer Erkenntnis:

- die Anerkennung der Hierarchie des Theaters
- die Notwendigkeit, auf sich aufmerksam zu machen, „entdeckt" zu werden, „auffällig" (S. 32) zu sein
- Bildung, und wenn man diese nicht hat, darf man die Unwissenheit nicht zeigen (S. 23, Z. 35)
- Talent, Anerkennung durch Kollegen und Theaterleitung.

Die ersten beiden Aspekte bewältigt Doris durchaus, zumal sie offenbar wirklich über ein gewisses Talent verfügt (vgl. Gedichtvortrag in der Schule und Vorsprechen beim Direktor, S. 3, 25) und skrupellos genug ist, um Konkurrentinnen rigoros auszuschalten. Aber die mangelnde Bildung führt zu anstrengenden Situationen (*„Ich (...) bin manchmal richtig müde vor lauter Aufpassen, und immer soll ich mich schämen müssen, wenn Worte und so Sachen sind, die ich nicht kenne"*, S. 23, Z. 27 ff.). Dazu kommen Probleme durch Lügen, Neid und Hass. Schließlich ist es aber das erlogene Verhältnis zum Theaterdirektor, das die übereilte Flucht aus dieser Umgebung nötig macht. Sie hat sich in dieses „fabelhafte", mit vielen Details versehene, aber erfundene Verhältnis so verstrickt, dass der Skandal unvermeidlich scheint. Als Grund für das Verlassen des Theaters gibt sie aber lieber an, dass sie die Männer satt habe und die Erkenntnis, *„dass Theater mit dem Leben gar nichts zu tun hat"* (S. 22, Z. 5 f.). Gleichzeitig ist in diesem Zusammenhang bezeichnend, dass sie zu diesem Zeitpunkt den Pelzmantel stiehlt, der von nun an eine besondere Rolle spielt und ihr den Anschein von Reichtum und Ansehen gibt. Außerdem bietet er Heimat und Schutz (vgl. Ausführungen zum Feh als Dingsymbol).

Beim Besuch des **Kabaretts mit Varieté** sieht die Protagonistin vor allem die Anstrengung, die Lebensgefahr und das Künstliche der Auftretenden (*„auf den Augen pfundweise knallblau"*, S. 26, Z. 16 f., *„und hat Witze gemacht unter Lebensgefahr (...) er hätte tot sein können"*, S. 26, Z. 18 ff.). Dennoch bewertet sie die Veranstaltung als *„erstklassiges Kabarett"* (S. 26, Z. 21).

Die **Diskrepanz zwischen medialer Scheinwelt und wirklichem Leben** erfährt Doris ebenfalls im Zusammenhang mit dem Kino. Beim Besuch des **Kinos** mit dem „grünen Moos" lässt sie sich einerseits von der Filmwelt gefangen nehmen und emotional berühren, dann aber vergleicht sie die eigene Welt mit der Filmwelt und erkennt die Unwirklichkeit derselben. In diesem Zusammenhang möchte Doris doch lieber in der Realität als in einer Scheinwelt leben. Sie hat ihre Liebe zum „grünen Moos" entdeckt und ist traurig, weil er nicht auf sie reagiert („*Bin ich ein Kino oder eine Liebe.*", S. 114, Z. 8 f.). Immer wieder taucht das Bedürfnis nach einem Kinobesuch auf, meist um in eine andere Welt zu entfliehen. Die Option, zum Film zu gehen, geistert ebenfalls in Doris' Kopf herum. Sie setzt diese Möglichkeit aber nie um.

Auch **Schlager** bieten die Möglichkeit des Vergleiches mit dem eigenen Leben. Doris identifiziert sich mit der Elisabeth mit den schönen Beinen und das grüne Moos mit dem armen Gigolo. Aber auch ungerechtfertigte Verherrlichungen werden gesehen. Das „*Reeperbahnmädchen ist eigentlich ein viel zu armes Luder, als dass sie* (die Kapelle) *das so rausjubeln brauchen*" (S. 70, Z. 35 f.), findet Doris. Eine Überführung erlebter Glücksmomente in einen Schlager ist dagegen wünschenswert (vgl. S. 110, Z. 9 ff.).

Während eine zeitgenössische Rezensentin die Aufnahme von Modeschlagern in den Roman als populistisch kritisiert[25], wird zunehmend erkennbar, dass Film, aber auch zeitgenössische Schlager zu einer Art Linse werden, durch die die Protagonistin wiederum ihr eigenes Leben wahrnimmt. Darüber hinaus werden sie zum stilistischen Prinzip.

Als Doris getanzt und einen Schwips hat, setzen Versatzstücke und Variationen des Walzers „Wien, Wien ..." sich fort in ihrer Beschreibung, nehmen den Rhythmus auf und bringen die beschwingte Stimmung der Schreiberin zum Ausdruck.

Doris macht den Anfang eines Schlagers über sich während ihrer Zeit bei Ernst (vgl. S. 110). Sie nimmt dabei typische Merkmale des Schlagers auf: Einfachheit, Wiederholung (dreifach), Rhythmik (vierhebiger Trochäus) und das Thema Liebe. So vermittelt sie ihre Sehnsucht nach einer solchen Situation.

---

25 „Das zweite Buch, allzu rasch herausgeschleudert, mit letztem Modelokal und letztem Modeschlager, liegt jetzt vor und heißt *Das kunstseidene Mädchen.*"
Martha-Maria Gehrke, *Irmgard Keun: Das kunstseidene Mädchen*, in: Vossische Zeitung, Morgen-Ausgabe, 26. Juni 1932 (Literarische Umschau Nr. 26).

In den Roman eingebundene Schlager sind u. a.:

- Wenn die Elisabeth/ nicht so schöne Beine hätt' .... (S. 25, Z. 24 f.)
- Ein Mädchen von Sankt Pauli, ein Mädchen von der Reeperbahn (S. 70, Z. 7 und 33, aus: In Hamburg an der Elbe)
- Armer Gigolo, schöner Gigolo (S. 91, Z. 4/S. 98, Z. 24)
- Das ist die Liebe der Matrosen (S. 114, Z. 9)
- Die Liebe, die Liebe ist eine Himmelsmacht (S. 73, Z. 14)
- Wien, Wien nur du allein (S. 115, Z. 16 f.)
- O Donna Klara (S. 86, Z. 19)
- Das gibt's nur einmal, das kommt nicht wieder ... (S. 115, Z. 17 f., S. 119, Z. 30 f.)
- In Sankt Pauli bei Altona bin ich verlassen worden (S. 71, Z. 7)
- Ich schenk mein Herz nur dir allein (S. 68, Z. 22)

In gewisser Hinsicht könnte man den Roman von Irmgard Keun als **Vorläufer der Popliteratur** verstehen, wie er seit der zweiten Hälfte des 20. Jahrhunderts, in Deutschland insbesondere in den 90er Jahren, auftaucht. „Merkmale der Popliteratur zeigen sich beispielsweise in Texten, die in einfacher Sprache und realistisch aus dem Leben gesellschaftlicher Außenseiter berichten; die auf Songs und Phänomene der Popkultur verweisen; (...) die ein kritisches Verhältnis zum hohen Ton der traditionellen Literatur haben und sich um neue, authentische Sprechweisen bemühen oder die Sprache in Einzeltteile zerlegen."[26] Auch im *Kunstseidenen Mädchen* geht es um Außenseiter. Inhalt und Sprache des Romans galten als kulturell nicht hoch stehend und sind von zeitgenössischen Kulturpädagogen und Literaturkritikern scharf verurteilt worden.[27] Dennoch avan-

---

26 Thomas Ernst. *Popliteratur*. Rotbuch 3000, Hamburg 2001, S. 9.
Vgl. auch die Ausführungen und Beispiele in: Moritz Baßler, *Der deutsche Poproman*. Beck'sche Reihe, Beck, München 2002.

27 vgl. dazu die Ausführungen in: Kerstin Barndt, *Sentiment und Sachlichkeit*, Böhlau Verlag, Köln, Weimar, Wien, 2003, S. 74 ff.

cierte der Roman zum Bestseller und wurde insbesondere von der jüngeren weiblichen Leserschaft begierig aufgenommen. Wie in Beispielen der jüngeren Zeit (Thomas Brussig, *Am kürzeren Ende der Sonnenallee*, Christian Kracht, *Faserland,* Frank Goosen, *liegen lernen* - um nur einige zu nennen) wird Zeitgeschichte reflektiert und kritisch dargeboten. Gleichzeitig wird über die Einbeziehung bestimmter Popsongs = Schlager eine bestimmte Atmosphäre erzeugt und ein Zusammengehörigkeitsgefühl des Lesers mit dem Erzähler erreicht.

Rolle und Selbstverständnis der Frau, Beziehung der Geschlechter

Immer wieder wird die Frage gestellt, inwieweit Doris als Protagonistin emanzipatorisches Gedankengut verkörpert. Einerseits äußert sie revolutionäre Ansichten, andererseits hat sie in ihren „geheimsten Wünschen traditionelles Denken verinnerlicht."[28] In den späten 70er Jahren hat der Leser der Keun'schen Romane - so Schoeller - die Wahl zwischen zwei Bewertungsmöglichkeiten der Autorin: „Vorläuferin der schreibenden Frau von heute oder Unterhaltungsschriftstellerin mit Bohème-Allüren von damals."[29] Nahezu vierzig Jahre später ist der Blick auf die Protagonistin Doris wieder ein anderer, da er immer durch zeitgenössische Vorstellungen von Rollen und Beziehungen zwischen Männern und Frauen geprägt ist.

Doris zeigt in ihrem Verhalten eine ganze Reihe von traditionellen bürgerlichen Tugenden.[30] Sie will ausdrücklich ein „anständiger Mensch" (S. 107, Z. 11) sein. Dabei denkt sie an

28 Volker Sack, *Zeitstück und Zeitroman in der Weimarer Republik*, Klett Verlag, Stuttgart, 1985, S. 32.

29 Wilfried F. Schoeller, *Erfahrungschroniken abgründiger Abendteuer. Irmgard Keun wird als Romanautorin wieder entdeckt.* Süddeutsche Zeitung vom 7. 11. 1979.

30 s. Kapitel 2.4, Personenkonstellation und Charakteristiken.

kleinliche Anstandsregeln z. B. bzgl. des Zeitpunktes, wann man sich kratzen darf. Ihr Lebenswandel und ihre wechselnden Bekanntschaften gehören nicht gerade zu dem, was allgemein von einem anständigen Mädchen erwartet wird, andererseits nimmt sie kurzfristige und durch Lust oder Pragmatismus bestimmte Beziehungen unserer Zeit vorweg.
Die Protagonistin Doris lebt in einer Zeit des Umbruchs und der sich rasant verändernden Gesellschaft. Das wird beispielsweise in einem Gespräch mit Ernst deutlich, der in der „so zerrütteten Zeit" (S. 100, Z. 34) dem Mann die Rolle des Starken und vom Gesetz Gehaltenen gibt, die Frau als labil und moralisch schnell sinkend beschreibt. Doris reagiert auf diese Kennzeichnung naiv, aber im Grunde misstrauisch. Sie präsentiert dem Leser im Laufe des Romangeschehens recht klare Vorstellungen von der Rolle der Frau und des Mannes bzw. des Verhältnisses der Geschlechter zueinander.

Sie lehnt strikt ab:

Doppelmoral bezüglich der Bindung an einen Mann (Geld oder Liebe, Gefallen)	S. 50 – der Onyx
Witze und scheinbar sachliche Gespräche über Erotik, die eigentlich unanständig sind	S. 86 – der Schmiss
Ungleichbehandlung: Männer dürfen fremdgehen, Frauen nicht	S. 46 – der rote Mond
Bestimmte Eigenschaften bei Männern: – Dummheit, fehlendes Gespür für Konsequenzen	 S. 51 – der Schöne

– Überheblichkeit und Eitelkeit	S. 49 – der rote Mond
– Feigheit	S. 66 – Brenner
– Brutalität, mangelnde Achtung gegenüber Frauen	S. 72 – Rannowsky
– Untreue, Härte	S. 77 – Albert
– betrunkene, anzügliche Männer („mit einem Besoffnen schlafen – nein", S. 83, Z. 4)	S. 83 – Lippi Wiesel
– Hässlichkeit	S. 51 – der Schöne
– Anzüglichkeit und sexuelle Belästigung	S. 29 – Schauspieler
– Sadismus	S. 6 – Alter
– Verlogenheit	S. 51 – Onyx
Bei Frauen lehnt sie ab:	
– ordinäre Art und Billigkeit	S. 72 – Hulla
– dominante Frauen, die den Partner ihre Überlegenheit ständig spüren lassen	S. 56 – Frau Brenner
– Gemeinheit und Geiz	S. 78 – Frau Briekow
– Faulheit	S. 50 – Frau des Onyx
– Hässlichkeit und Alter	S. 101 – bei sich selbst

In scharfer ironischer Form kritisiert Doris die Selbstaufgabe und Unterordnung unter einen Mann, z. B. als dessen Geliebte ohne jeden Anspruch auf soziale Anerkennung, finanzielle Absicherung, Verständnis und Liebe. Therese ist für Doris ein abschreckendes Beispiel dafür (vgl. S. 108). Aber auch eine kleinbürgerliche Ehe mit bescheidenem Auskommen, wie sie z. B. Lorchen Grünlich führt (vgl. S. 48), löst bei Doris nur Verachtung aus. Sie bewundert reiche, selbstbewusste und elegante Frauen (S. 48).

In diesem Zusammenhang ist zu verstehen, warum der Roman von zeitgenössischen Leserinnen, die auf der Suche nach Weiblichkeitsentwürfen waren, begierig aufgenommen wurde. „Der zeitgenössischen Populärkultur" fiel offenbar die Aufgabe zu, „kommende Entwicklungen zu entwerfen" und „den Aufbruch der Frauen in eine neue Zeit, ihre Befreiung und Emanzipation aus patriarchalischer Vormundschaft vorzuzeichnen".[31] .

Aus heutiger Sicht nimmt Doris einige Merkmale emanzipatorischen bzw. zeitgenössischen Verhaltens vorweg.

1. Sie will selbstständig und unabhängig sein.[32] Sie trifft eigene Entscheidungen, löst sich ohne Sicherheiten aus der familiären Enge, begibt sich in die Großstadt und nimmt diese für sich in Besitz („mein Berlin"). Auch von den Männern ist sie nicht abhängig, sondern beginnt oder löst sich aus Beziehungen nach eigenem Gutdünken, bzw. aufgrund der Art der Beziehung. Eher verzichtet sie auf finanzielle Sicherheit und Schutz, als dass sie sich ausnutzen lässt. Im Gegensatz zur heutigen Vorstellung von Selbstständigkeit will sie aber keine bezahlte Arbeitsstelle annehmen, selbst wenn dies bei der hohen Arbeitslosigkeitsrate möglich wäre.
2. Schönheit, Jugendlichkeit und Modebewusstsein sind wichtige Faktoren für Doris. Das gilt nicht nur für Frauen, sondern auch für Männer.

---

31 Kerstin Barndt, S. 10.

32 *Das kunstseidene Mädchen*: „Und ich überlege rauf und runter, wie ich wieder eine Grundlage bekomme, denn nur allein auf Männer angewiesen sein, geht leicht schief." S. 16, Z. 25 ff.

3. Erotik wird als Bindeglied zwischen den Geschlechtern gesehen.[33] *„Nur noch unseren Kopf zueinander denken und sonst nichts"* (S. 70, Z. 16 f.) ist für Doris nicht ausreichend. Im Laufe des Romangeschehens lernt Doris die Unterscheidung zwischen Sinnlichkeit und Begehren sowie Fürsorge und Liebe.[34] Zärtlichkeit ist etwas Schönes, kommt aber in Doris' Erfahrungsbereich selten vor (vgl. S. 47).
4. Sexuelle Beziehungen sollten klar motiviert sein. Wenn weder Liebe noch Geld dahinter stehen, sind sie ihrer Meinung nach unmoralisch.[35]
5. Doris bevorzugt ausgewogene Partnerschaften. So lehnt sie gleichermaßen die Abhängigkeit Ernsts von seiner Frau ab, wie sie die Dominanz von Frau Brenner kritisiert.[36]
6. Partnerschaften sollten ihrer Meinung nach durch Innigkeit und Verständnis füreinander geprägt sein (vgl. S. 75, Z. 8 f.). Sie sollten nicht immer gleich zerbrechen (vgl. S. 71, Z. 21). Die Sehnsucht nach gegenseitigem Verständnis auch in erotischer Hinsicht wird aber nur als Frage deutlich[37] und nie erfahren.
7. Treue und der Respekt vor festen Beziehungen sind feste moralische Werte für Doris.[38] Lediglich in den Fällen, in denen von vornherein keine feste Beziehung geplant ist, wird es mit der Treue nicht so ernst genommen. Im Falle

---

33 *Das kunstseidene Mädchen*: „Manchmal ist das Erotische nur dafür gut, dass man du zu sagen lernt", S. 124, Z. 18 f., vgl. auch S. 110.

34 *Das kunstseidene Mädchen:* vgl. Brenner: *„Liebe ist mehr"*, S. 66, Z. 11. Doris: „Liebe ist zufällig zusammen betrunken sein und aufeinander Lust haben und sonst Quatsch.", S. 66, Z. 8 ff.

35 *Das kunstseidene Mädchen:* „Mit einem Fremden schlafen, der einen nichts angeht, ganz umsonst, macht eine Frau schlecht. Man muss wissen wofür. Um Geld oder aus Liebe." S. 37 f., Z. 36 ff.

36 *Das kunstseidene Mädchen:* „Ich kann doch sehr verstehen, dass Männer untreu sind, denn wenn Frauen was ganz gehört, sind sie manchmal gut auf eine Art, die glatt gemein ist." S. 57, Z. 4 ff.

37 *Das kunstseidene Mädchen:* „Ob es Männer gibt, die warten können, bis man will?" S. 47, Z. 25 f.

38 *Das kunstseidene Mädchen:* „Manchmal fasst er meinen Arm so mit geminderter Kraft, dann hört mein Alleinsein auf. Aber ist doch Tilli ihrer." S. 72, Z. 30 f.
„Und ich bin viel zu anständig und auf Frauenbewegung eingestellt, um dir deinen zweifelhaften Faltbootinhaber mit Glatze abspenstig zu machen" S. 8, Z. 1 ff.

des Industriellen[39] bleibt sie ihm nur „treu", weil sich keine Gelegenheit ergibt.

Letztlich erweist Doris sich aber doch als sehr in traditionellen Rollenvorstellungen verhaftet. So kommt immer wieder die Sehnsucht nach einem starken Mann, der ihr Richtlinien und Meinungen vorgibt, durch.[40]
Sie kann ihre Mutter sofort verstehen, als diese ihr die Begründung für ihre Verbindung mit dem Vater angibt. Die Zugehörigkeit zu einem Mann bedeutet Sicherheit und eine feste soziale Position.
Doris wird in dem Roman als am zufriedensten und glücklichsten gezeigt, als sie für das „grüne Moos" einkaufen, stopfen und Kerzenständer basteln kann, während er für das Auskommen sorgt. Die beiden verfallen in klassische, gutbürgerliche Rollen und Doris gibt den Anspruch auf eine eigene Karriere und sogar auf die Anerkennung ihrer Leistungen im Haushalt auf.
Doris ist völlig unpolitisch und interessiert sich nicht für Hintergründe und erschreckende Zeiterscheinungen.
Das von ihr erstrebte Ideal der Frau ist:
Reichtum und Schönheit, gepaart mit natürlicher Vornehmheit, die sich in Gestik, Haltung und Benehmen ausdrückt, dazu Selbstsicherheit und Rätselhaftigkeit wie die Dame im Kabarett.
Dieses Ideal muss sie als unerreichbar für sich ansehen.

---

39 *Das kunstseidene Mädchen:* „Puppe, sei mir treu, ich muss dich diesen Abend dir selber überlassen", S. 75, Z. 17.

40 *Das kunstseidene Mädchen:* „Ich wünschte mir sehr die Stimme von einem Mann, die wie eine dunkelblaue Glocke ist und mir sagt: Doris höre auf mich; was ich sage, ist richtig." S. 81, Z. 32 ff.

Das kunstseidene Mädchen – ein Schelmenroman

Der Schelmenroman ist dem Kröner Sachwörterbuch der Literatur zufolge eine

> *„Sonderart des Abenteuerromans, in dessen Mitte die Gestalt des Picar (= Schelm, ‚Landstörzer') steht. Dieser erlangt häufig selbst keinen Eigenwert und ist nicht zur geschlossenen, einheitlichen Individualität im Sinne des Entwicklungs- und Bildungsromans durchgestaltet, sondern seine mannigfaltigen Schicksale und Abenteuer als Umhergetriebener dunkler oder niederer Abkunft, der sich mit allen erlaubten und unerlaubten Mitteln, List und Betrug, Lügen und Schlichen, gerissen durchs Leben schlägt, dienen nur dazu, die vielfältigen dabei berührten Gesellschaftsschichten von der niedersten bis zur höchsten aus der Perspektive von unten her zu desillusionieren: Gesellschaftssatire verbunden mit abenteuerlich-schwankhaften Motiven. Gemeinsam ist dem Schelmenroman die Fülle von Schauplätzen, Figuren und Episoden als Darstellung einer vielfältigen, bunten Welt, ferner die Ich-Form und meist eine soziale Einstellung."*[41]

Der Roman und seine Protagonistin entsprechen dieser Definition in vielfacher Hinsicht.

1. Der Roman ist als Ich-Erzählung verfasst und gibt die ungebrochene Weltsicht und Anschauung der Heldin wieder. Dabei werden ganz offensichtliche Fehleinschätzungen und Behauptungen unkommentiert stehen gelassen. Sich selbst gegenüber entwickelt Doris zwar eine gewisse kritische Selbsteinschätzung, vieles durchschaut sie aber schlichtweg nicht. Auch ihre Bildung überschätzt sie weitgehend (*„… und sogar meine Fußnägel sind gelackt, und ich bilde mich geistig und sage manchmal »c'est ça olala«"*, S. 73, Z. 30 f.).

41 *Sachwörterbuch der Literatur*, Alfred Kröner Verlag, Stuttgart 1969, S. 683.

2. Doris zeigt bei aller Durchtriebenheit und egoistischer Verhaltensweise dennoch eine soziale Grundhaltung, die sich häufig in spontanen Emotionen oder Aktionen äußert. Sie empfindet Fürsorgepflicht, Verantwortung und Mitleid (vgl. S. 52, Z. 4–7) gegenüber schützenswerten und hilflosen Geschöpfen. Dies kann sich sowohl auf Menschen als auch auf Tiere beziehen. Als sie festgestellt zu haben glaubt, dass die Ellmann und deren Mann ihre Katze Rosalie als Sonntagsbraten verzehrt haben, ist sie traurig, denn *„was so klein ist und weich und ohne Hilfe, dass man es mit zwei Händen fassen kann, dafür hat man immer sehr viel Liebe"* (S. 41, Z.1–3). Sie hilft auch Margrete bei der Geburt ihres Kindes, hat Mitleid mit den Prostituierten, versucht Hulla zu trösten und zu ermutigen und geht sogar so weit, auf „das grüne Moos", Ernst, zu verzichten und ihn wieder seiner Frau zu überlassen. Auch soziale Ungerechtigkeiten und Missstände registriert sie genau.
3. Die ‚Welt', die dem Leser gezeigt wird, weist alle Couleurs von gesellschaftlichen Schichten, Schatten- und Lichtseiten der Stadt, verschiedenartigste Menschen und Charaktere, Scheinwelten und triste Alltagssituationen auf. In schneller Folge wechseln Schauplätze und Personenkonstellationen und zeigen immer neue Facetten einer subjektiv erlebten Welt.
4. Doris ist eine im wörtlichen Sinne „vom Schicksal Getriebene", da sie immer auf zufällige Begebenheiten und unvorhersehbare Situationen spontan reagieren muss. Der „Wartesaal" des dritten Abschnittes des Romans ist repräsentativ für Doris' Leben (*„Ich gehe herum mit meinem Koffer und weiß nicht, was ich will und wohin. Im Wartesaal Zoo bin ich sehr viel. Warum können Kellner so voll Hohn sein, wenn man mal zufällig kein Geld hat?"*, S. 84, Z. 3–5).

5. Der unteren Schicht angehörend nimmt Doris mit einerseits großer Unbefangenheit und Naivität, andererseits mit ungetrübtem Blick Verhaltensweisen von Menschen aller Schichten auf. Durch ihre wechselnden Männerbekanntschaften begegnet sie vielen auf einer recht persönlichen und intimen Ebene.
6. In vielen Zusammenhängen wird die Darstellung zur Satire; selbstverliebte Autoren werden z. B. der Lächerlichkeit preisgegeben, Doppelmoral entlarvt („*Ich merkte gleich, dass die echt Jungfräuliche ihm abgesprungen war und der Vater von Professor auch und hat keine Stelle und macht Murks hier.*" S. 37, Z. 13–15; s. auch S. 86, Z. 27–34), modische Tendenzen (Italienischer Salat) werden karikiert, Überheblichkeit wird entlarvt („*Aber es ist die billigste Beschäftigung der Elite, da sie nicht arbeitet und sich darum beschäftigt. Und sie ist literarisch, und die literarische Elite ist ungeheuer fleißig mit Kaffee und Schach und Reden und noch so viel Geist, weil dass sie sich vor sich selbst nicht anmerken lassen will, dass sie faul ist.*", S. 61 f., Z. 31 ff.).
7. Um zu überleben, lügt und stiehlt Doris. Spätestens kurz bevor sie den Schauplatz wechseln muss und wieder ins Ungewisse gestoßen wird, lässt sie etwas mitgehen. Dies wird zu einem immer wiederkehrenden Mechanismus („*Denk ich – das ist zuviel verlangt, stundenlang Rebenhügel hören für umsonst – und nehme heimlich noch ein Hemd und stopf es mir vorne ins Kleid. (...) Und haute ab.*" S. 50, Z. 5–12). Beispielhaft für ihre Gerissenheit und Skrupellosigkeit ist auch die Art und Weise, wie sie ihre Rolle im Theater erreicht (vgl. S. 24, Z. 11 ff.).
8. Der männlichen Figur des Hochstaplers oder Schelms[42] ist in der neu-sachlichen Literatur der Weimarer Republik die komische Hure als weibliches Pendant zugeordnet.

---

42 vgl. z. B. Thomas Mann, *Bekenntnisse des Hochstaplers Felix Krull.*

„Ihre soziale Herkunft (...), der Wille, für sich selbst einzustehen, die Lust am Rollenspiel, ihre pragmatische Beziehung zur Welt, die darauf gerichtet ist, essenzielle Bedürfnisse (Hunger, Schlaf etc.) zu befriedigen, das Entwickeln eigener Moralvorstellungen, die mit der Doppelmoral der Gesellschaft brechen und deren Regeln missachten, horizontale Bewegungen im geografischen Raum (Reisen, bzw. Fluchten), vertikale Bewegungen im gesellschaftlichen Raum (die ‚Karrieren', bei denen (...) Doris Querschnittstypen verschiedener sozialer und politischer Couleur kennen (lernt) – diese Aspekte schließen (...) Doris an die Genrefigur der Pikara an."[43] Nach Sloterdijk[44] ist diese Figur aber ein wichtiges Erkennungsmerkmal von Umbruch- und Krisenzeiten. Täuschung und Selbsttäuschung, Spiel mit Realität und Wahrheit entlarven eine Gesellschaft, die schwer zu durchschauen, zu beschreiben und zu steuern ist. *„Hinter dem Spiel des Hochstaplers mit Wahrheit und Täuschung steht ein erschüttertes gesellschaftliches Wirklichkeitsgefüge, das zwischen den Fronten der Parteikämpfe stärker zerrieben als begreifbar gemacht wird. Der Triumph des Hochstaplers zeugt von der gesellschaftlichen und politischen Krise."*[45]

Die Frauenfiguren *Mathilde* und *Doris* – ein Vergleich (aus: Fontane, *Mathilde Möhring* und Keun, *Das kunstseidene Mädchen*)

Ein Vergleich der Romane und der Frauenfiguren ist aufschlussreich, weil es sich um zeitlich recht eng beieinander liegende Texte handelt, die Epochenumbrüche und veränderte soziale und politische Bedingungen klar veranschaulichen.

---

43 Kerstin Barndt, *Sentiment und Sachlichkeit*, Böhlau Verlag, Köln, Weimar, Wien, 2003, S. 185.

44 ein wichtiger Philosoph und Literaturwissenschaftler der Postmoderne.

45 zitiert nach K. Barndt, S. 189.

In beiden Fällen handelt es sich um einen Zeitroman, der eine junge, aufstrebende Frau zur Protagonistin hat. Sich verändernde Rollenzuweisungen an Frauen und Männer werden thematisiert. In beiden Fällen ist Berlin der Schauplatz der Ereignisse, Schichtenzugehörigkeit und der Wunsch nach Aufstieg in eine höhere Schicht gehören zum Hintergrund des Romans. In beiden Fällen gibt die sprachliche Gestaltung Hinweise auf eine bestimmte Umwelt und konkrete Wirklichkeit.

Gemeinsamkeiten von Doris und Mathilde sind:

- Sie nutzen Männer für die Planung der eigenen Karriere.
- Sie sind weiblich, jung und selbstbewusst.
- Sie haben das Ziel des Aufstiegs in eine höhere Schicht, den Wunsch nach finanzieller Unabhängigkeit vor Augen.
- Sie verändern ihre Lebenssituation, um ihr Ziel zu erreichen.

Unterschiede zwischen den beiden sind:

Mathilde[46]	Doris
Äußeres: hager, grauer Teint, aschblond, dünnes, angeklebtes Haar, „Blechblick", dünne, schmale Lippen, wasserblaue Augen, ganz ohne Reiz, ohne sinnlichen Zauber, edles Profil, „Gemmengesicht", proper und ordentlich gekleidet	Äußeres: schlank, erstklassiger weißer Teint, schwarze, dauergewellte Haare, braune Augen, schmale, aber doch sinnliche Lippen, wirkt sehr reizvoll, attraktive Figur, auffällig, figurbetont und modisch gekleidet
Eigenschaften und Verhalten: umsichtig, fleißig, praktisch, klug und zunehmend gebildet,	Eigenschaften und Verhalten: naiv, sprunghaft, spontan, will nicht arbeiten,

46 zugrunde gelegt wird hier der Roman und die Aufzeichnungen Fontanes zu seiner Figur, zitiert nach: Edgar Neis, *Theodor Fontane, Mathilde Möhring*. Lehrpraktische Analysen 25, Reclam, Ditzingen, 1999, S. 6.

bildungshungrig	überschätzt eigene Bildung, ungebildet
sparsam	verschwendungssüchtig, liebt Luxus
besitzt Menschenkenntnis, hält auf sich	besitzt Männerkenntnis modebewusst, will Männerblicke anziehen
berechnend, planvoll, kontrolliert und entschieden, diszipliniert	labil, lässt sich treiben, reagiert auf Zufälle
weitblickend	kurzsichtig
passt sich in die gegebene Lage und macht das Beste daraus	nutzt Möglichkeiten, die sich ihr bieten
steuert andere, hat Durchsetzungsvermögen	lässt sich beeinflussen, spielt Rollen
ist für das Ernste	ist für Unterhaltung, Amüsement, Tanz etc.
nüchtern	emotional
realistisch, sicher	realistisch und schwärmerisch, liebt Traumwelten, kaum Selbstkritik
selbstbewusst, aber auch selbstkritisch, politisches und diplomatisches Geschick	sich ihrer Reize bewusst, stolz darauf, unpolitisch
selbstständig	von anderen abhängig
sinkt am Schluss nicht unter ihren anfänglichen Stand, sondern steigt immer noch bescheiden und aus eigener Kraft und durch eigene Arbeit auf	sinkt im gesellschaftlichen (fast Hure) und finanziellen Sinn
Aufstieg ist realistisch, da überschaubarer Schritt in wenig höhere Gesellschaftsschicht	Aufstieg in Traumwelt angestrebt (Glanz), Voraussetzungen werden falsch eingeschätzt

3. Themen und Aufgaben

Die Lösungstipps beziehen sich auf die Kapitel der vorliegenden Erläuterung.

1. Thema: Berlin

„Alle sollten nach Berlin. So schön." (S. 55, Z. 7)

1. Entwerfen Sie ein Bild des Berlins aus dem *Kunstseidenen Mädchen* im Vergleich zum heutigen Berlin.
2. Diskutieren Sie – ausgehend von dem Roman – Vor- und Nachteile der Großstadt.

Textgrundlage:
Roman S. 55 ff.

Lösungshilfen:
1.2
2.6
2.7

2. Thema: Zeitromane

„Und eben darin liegt die Stärke, indes auch ihre Begrenzung der Bücher von I. Keun: Sie sind nicht zeitlos, vielmehr durch und durch zeitverhaftet und mithin an einen bestimmten geschichtlichen Ort und gesellschaftlichen Zustand gebunden." (Dietrich Steinbach, KLG, Bd. 6, S. 2)

1. Nennen Sie grundsätzliche Merkmale von Zeitromanen.
2. Kennzeichnen Sie *Das kunstseidene Mädchen* als typischen Zeitroman.
3. Vergleichen Sie Keuns Roman unter diesem Aspekt mit Fontanes *Mathilde Möhring*.

Textgrundlage:
Keun, *Das kunstseidene Mädchen*
Fontane, *Mathilde Möhring*

Lösungshilfen:
1.2
2.4
2.7

4. Kommentieren Sie die oben erwähnten Stärken und Begrenzungen des Zeitromans.

3. Thema: Filmisches Schreiben

Textgrundlage: Roman S. 60 ff.

Lösungshilfen: 2.6, 2.7

1. Fassen Sie die in diesem Textabschnitt wiedergegebenen Beobachtungen kurz zusammen.
2. Erläutern Sie an diesem Beispiel, inwiefern es sich um „Schreiben wie Film" handeln könnte.
3. Entwerfen Sie eine kurze Drehbuchskizze zu einem Teil dieses Romanausschnittes.

4. Sprache und Weltsicht

Textgrundlage: Roman S. 64 f.

Lösungshilfen: 1.2, 2.6, 5.

1. Analysieren sie den Ausschnitt S. 64, Z. 10 bis S. 65, Z. 3 unter sprachlichen und inhaltlichen Aspekten.
2. Vergleichen Sie die dargestellte Szene mit entsprechenden Bildern von Grosz, Kirchner etc.
3. Stellen Sie dar, in welcher Weise eine bestimmte Weltsicht und Bewertung durch die Wahl der Stilmittel vermittelt wird.

4. Rezeptionsgeschichte

Nachdem Irmgard Keun vom zeitgenössischen Publikum begeistert gefeiert und zur Bestsellerautorin gemacht wurde, verlor sie mit der Machtergreifung der Nationalsozialisten die Möglichkeit, weiter in Deutschland zu schreiben und zu verlegen. Auch nach ihrer Rückkehr nach Deutschland blieb sie weiterhin unbeachtet. Das änderte sich in den 70er Jahren mit neuen literarischen Ansätzen (Neue Subjektivität) und der Beschäftigung mit Frauenfragen und weiblichem Schreiben. Erst kurz vor ihrem Tod geriet sie dann wieder ins Blickfeld der Öffentlichkeit. Jüngste literaturwissenschaftliche Studien zu Irmgard Keun belegen ein erneutes Interesse an der Schriftstellerin und ihren Texten.

„So voller Witz, unbekümmerter Frechheit, lebenskluger Wachheit und Abenteuerlust hat kaum jemand zu dieser Zeit seine Figuren ins Leben eingeweiht, sich in die Literatur hineingeschrieben – gewiss nicht der um vier Jahre ältere Klaus Mann, der sich vergleichbar emphatisch als Vertreter einer jungen Generation empfand und bei aller behaupteten Abenteuerlust doch von ermüdender Geschichte umstellt war."
(Wilfried F. Schoeller, *Erfahrungschroniken abgründiger Abenteuer. Irmgard Keun wird als Romanautorin wieder entdeckt.* Süddeutsche Zeitung vom 7. 11. 1979.)

„Vielleicht wäre diese Autorin eine unserer besseren, wenn auch ein wenig chaotischen Unterhaltungsschriftsteller geblieben, wenn es nicht das Jahr 1933 gegeben hätte. (...) Es hat Jahre gedauert, bis man wieder auf Irmgard Keun aufmerksam wurde. (...) Die deutsche Literatur ist nicht reich an Autoren, die lustig geschrieben und es doch sehr ernst gemeint haben."
(Elisabeth Endres, *So waren die Leute. Zum Tod der Schriftstellerin Irmgard Keun.* FAZ vom 7. 5. 1982.)

5. Materialien

„Neue Sachlichkeit, literarisch. Nicht nur das Sujet trifft sich mit entsprechenden Bildern von Scholz, Schlichter, Mertens, auch die Draufsicht und Darbietungsweise. Leere dominiert, obwohl Lebewesen und Sachen im Raum zugegen sind, obwohl optische und akustische Sensationen vermerkt werden. Krank, blass, abgestorben, veraltet – lauten die Stichworte. Und sie stechen die Einzelheiten fest wie tote Schmetterlinge, das Licht, die Strichmädchen, den Tisch, den Stimmungsmacher, die Musik. Die reihenden, aufzählenden Kurzsätze, forciert durch die häufigen Und-Starts, verbinden nichts, sie isolieren. Ihr Staccato ist nur negiertes Legato, es eilt und hetzt nicht, spendet keine Energie. Unbewegt bewegt es nichts. Meilenweit ist diese Genreszene entfernt von den schrillen, brodelnden, stampfenden Tanzetablissements, wie sie die Futuristen bis hin zu den Expressionisten malten, Boccioni, Kirchner, Beckmann."

(Volker Klotz, *Forcierte Prosa. Stilbeobachtungen an Bildern und Romanen der Neuen Sachlichkeit.* In: Rainer Schönhaar (Hrsg.). *Dialog.* Festgabe für Josef Kunz. Berlin. E. Schmidt Verlag, 1973, S. 267.)

Irmgard Keun, *Dienen lerne beizeiten das Weib ...*

„(...) Nach meiner Überzeugung ist der Durchschnittsmann von Natur aus nett und gutartig und würde vermutlich noch viel netter und gutartiger sein, wenn sich die Frauen seit Generationen nicht alle erdenkliche Mühe geben würden, ihn systematisch zu verderben und zu verhunzen. Mit der Mutter fängt's an und mit der Zimmervermieterin hört's auf, und die arme Ehefrau kann später zusehen, wie sie mit dem verhätschelten Anderthalbzentner-Baby fertig wird. Wahrscheinlich wird's brüllen, wenn man ihm die

Flasche fortnimmt und es mal fünf Minuten nicht bewundert. Das Männer-Baby ist daran gewöhnt, den seiner Männlichkeit zukommenden Tribut möglichst pausenlos dargebracht zu bekommen. (...) ‚Dienen lerne beizeiten das Weib nach ihrer Bestimmung, denn durch Dienen allein gelangt sie endlich zum Herrschen, zu der verdienten Gewalt ...' Das sagt Goethe, oder er lässt es vielmehr sagen. Man soll nicht immer die Aussprüche seiner Figuren für die unumstößliche Meinung des Autors halten. Wie dem auch sei, ich halte Dienen nicht für meine Bestimmung, zumal ich erst recht nicht durch mühsame diplomatische Schleichwege zum Herrschen gelangen will. Ich will überhaupt nicht herrschen. Erfahrungsgemäß verdirbt Herrschen nämlich meist den Charakter und führt zur Verdummung. Mir fällt keine Perle aus der kalten Welle, wenn ich meinem Mann mal die Schuhe putze, aber ich sehe nicht ein, warum er nicht bei Gelegenheit die Betten frisch beziehen soll. Vorausgesetzt, dass wir beide Geld verdienen gehen."
(Irmgard Keun, *Dienen lerne beizeiten das Weib.* In: Dies., *Wenn wir alle gut wären.* Kiepenheuer und Witsch, Köln 1983, S. 47 ff.)

Literatur

Primärliteratur:

Irmgard Keun: *Das kunstseidene Mädchen.* Edition mit Materialien. Leipzig: Klett, 2005.
(Nach dieser Ausgabe wird zitiert.)

Sekundärliteratur zum *Kunstseidenen Mädchen* (Auswahl):

Kerstin Barndt: *Sentiment und Sachlichkeit.* Köln, Weimar, Wien: Böhlau, 2003.

Volker Klotz: *Ein kunstseidenes Mädchen und seine seidene Kritik. Irmgard Keuns früherer Roman ist neu erschienen.* Frankfurter Rundschau vom 21. 07. 1997.

Volker Klotz: *Forcierte Prosa. Stilbeobachtungen an Bildern und Romanen der Neuen Sachlichkeit.* In: Rainer Schönhaar (Hrsg.): *Dialog. Festgabe für Josef Kunz.* Berlin: E. Schmidt Verlag, 1973, S. 244–271.

Gabriele Kreis: *Was man glaubt, gibt es. Das Leben der Irmgard Keun.* Zürich: Arche, 1991.

Ingrid Marchlewitz: *Irmgard Keun. Leben und Werk.* Würzburg: Königshausen und Neumann, 1999.

Volker Sack: *Zeitstück und Zeitroman in der Weimarer Republik. Ödön v. Horvath: Kasimir und Karoline; Irmgard Keun: Das kunstseidene Mädchen.* Stuttgart: Klett, 1985.

Gerd Schank: *‚Das kunstseidene Mädchen' von Irmgard Keun. Skizze einer Frauensprache.* In: Hans Ester und Guillaume van Gemert (Hrsg.): *Annäherungen. Studien zur deutschen Literatur und Literaturwissenschaft im 20. Jahrhundert.* Amsterdam: Ropodi, 1985.

Wilfried F. Schoeller: *Erfahrungschroniken abgründiger Abenteuer. Irmgard Keun wird als Romanautorin wieder entdeckt.* Süddeutsche Zeitung vom 07. 11. 1979.

Monika Shafi: *„Aber das ist es ja, ich habe keine Meinesgleichen." Identifikationsprozess und Zeitgeschichte in dem Roman ‚Das kunstseidene Mädchen' von Irmgard Keun.* In: Colloquia Germanica. Bd. 21, 1988, S. 314–325.

Dietrich Steinbach: *Das neuerliche Interesse an Irmgard Keun.* In: Irmgard Keun: *Das kunstseidene Mädchen.* Ausgewählt und eingeleitet von Dietrich Steinbach. Mit Materialien. Stuttgart: Klett, 1981, S. 142–152.

Dietrich Steinbach: *Irmgard Keun.* In: Heinz Ludwig Arnold (Hrsg.): *Kritisches Lexikon zur deutschsprachigen Gegenwartsliteratur.* (KLG) Bd. 6, München, edition text und kritik, 1978, 19. Nlg.

Deborah Smail: *White-Collar Workers, Mass Culture and Neue Sachlichkeit in Weimar Berlin: A Reading of Hans Fallada's 'Kleiner Mann – Was nun?', Erich Kästner's ' Fabian' und Irmgard Keun's 'Das kunstseidene Mädchen'.* Bern: Lang, 1999.

Livia Wittmann: *Erfolgschancen eines Gaukelspiels. Vergleichende Beobachtungen zu ,Gentlemen Prefer Blonde's' (Anita Loos) und ,Das kunstseidene Mädchen' (Irmgard Keun).* In: Carleton. Germanic Papers, H. 11, 1983, S. 35–49.

Weiterführende Literatur:

Alo Allkemper, Norbert Otto Eke: *Literaturwissenschaft.* UTB basics, Paderborn: Wilhelm Fink Verlag, 2004.

Moritz Baßler: *Der deutsche Poproman.* Beck'sche Reihe, München: Beck, 2002.

Thomas Ernst: *Popliteratur.* Rotbuch 3000, Hamburg: Rotbuch-Verlag, 2001.

Karl Migner: *Kennzeichen des modernen Romans.* In: Heinrich Biermann, Bernd Schurf (Hrsg.): *Texte, Themen und Strukturen.* Cornelsen: Berlin, 1999.

Verfilmungen von Keuns Werken:

Das kunstseidene Mädchen. Regie: Julien Duvivier. Drehbuch: Julien Duvivier, René Barjavel, Robert Stemmle. Mit Giulietta Masina. BRD/Italien/Frankreich 1959.

Nach Mitternacht. Regie: Wolf Gremm. Drehbuch: Wolf Gremm, Annette Regnier. Mit Désirée Nosbusch. BRD 1981.